国家社会科学基金（教育学）重大项目（VDA200004）阶段性研究成果

北京外国语大学"双一流"建设标志性项目（BW202018）阶段性研究成果

"一带一路"国家文化教育大系　　　　　总主编　王定华

沙特阿拉伯
文化教育研究

التعليم والثقافة في
المملكة العربية السعودية

尤铮　等著

外语教学与研究出版社
FOREIGN LANGUAGE TEACHING AND RESEARCH PRESS
北京 BEIJING

图书在版编目（CIP）数据

沙特阿拉伯文化教育研究 / 尤铮等著. -- 北京：外语教学与研究出版社，
2023.7

（"一带一路"国家文化教育大系 / 王定华总主编）

ISBN 978-7-5213-4708-1

I. ①沙… Ⅱ. ①尤… Ⅲ. ①教育研究－沙特阿拉伯 Ⅳ. ①G538.4

中国国家版本馆 CIP 数据核字 (2023) 第 132281 号

出 版 人　王　芳
项目负责　孙凤兰　巢小倩
责任编辑　姚希瑞
责任校对　夏洁媛
封面设计　李　高　锋尚设计
版式设计　李　高
出版发行　外语教学与研究出版社
社　　址　北京市西三环北路 19 号（100089）
网　　址　https://www.fltrp.com
印　　刷　北京盛通印刷股份有限公司
开　　本　787×1092　1/16
印　　张　15　彩插 1 印张
版　　次　2023 年 8 月第 1 版 2023 年 8 月第 1 次印刷
书　　号　ISBN 978-7-5213-4708-1
定　　价　138.00 元

如有图书采购需求，图书内容或印刷装订等问题，侵权、盗版书籍等线索，请拨打以下电话或关注官方服务号：
客服电话：400 898 7008
官方服务号：微信搜索并关注公众号"外研社官方服务号"
外研社购书网址：https://fltrp.tmall.com

物料号：347080001

记载人类文明
沟通世界文化
www.fltrp.com

"一带一路"国家文化教育大系编写委员会

顾　问：顾明远　　马克垚　　胡文仲

总主编：王定华

委　员（按姓氏音序排列）：

常福良	戴桂菊	郭小凌	金利民	柯　静	李洪峰
刘宝存	刘　捷	刘生全	刘欣路	钱乘旦	秦惠民
苏莹莹	陶家俊	王　芳	谢维和	徐　辉	徐建中
杨慧林	张民选	赵　刚			

"一带一路"国家文化教育大系编审委员会

主　任：王　芳

副主任：徐建中　　刘　捷

秘书长：孙凤兰

委　员（按姓氏音序排列）：

蔡　喆	柴方圆	巢小倩	杜晓沫	华宝宁	焦缨添
刘相东	刘真福	马庆洲	彭立帆	石筠弢	孙　慧
万作芳	王名扬	杨鲁新	姚希瑞	苑大勇	张小玉
赵　雪	祝　军				

沙特沙漠景观

沙特单峰驼

利雅得市区

吉达城市建筑

泰布克的城市景观

麦地那的遮阳伞

利雅得的阿拉伯风格建筑

胡富夫老城区的街巷

沙特椰枣与传统器皿

一所幼托所

阿卜杜拉国王科技大学图书馆

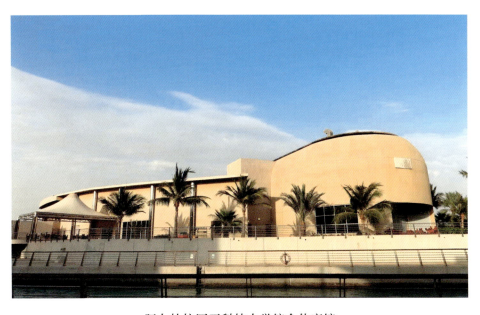

阿卜杜拉国王科技大学综合体育馆

阿尔科巴尔市的海湾国际学校

使用阿、中、英三语的吉达大学官网首页

麦地那伊斯兰大学

北京外国语大学党委书记王定华（右）2019年拜会沙特国家博物馆馆长

北京外国语大学党委书记王定华（中）访问沙特知识交流研究中心

出版说明

2013 年 9 月 7 日，国家主席习近平提出共建"丝绸之路经济带"重大倡议。2013 年 10 月 3 日，习近平主席提出共建"21 世纪海上丝绸之路"重大倡议。两者合称"一带一路"倡议。以 2013 年金秋为起点，"一带一路"倡议作为构建人类命运共同体的伟大设想，在开拓和平、繁荣、开放、绿色、创新、文明之路的非凡征程中，孕育生机和活力，汇聚信心和期待，在世界范围内广受欢迎和响应。

文化交流、文明互鉴是构建人类命运共同体的人文基础。文化发展，教育先行。作为"共和国外交官的摇篮"、文化教育的主动践行者、"一带一路"倡议的踊跃响应者和构建人类命运共同体的积极参与者，北京外国语大学在党委书记王定华教授的带领下，放眼世界，找准坐标，勇于担当，主动作为，深耕文化教育相关领域，研究、策划并组织编写了"一带一路"国家文化教育大系（以下简称大系）。国内相关高校和研究机构的众多专家学者献计献策，踊跃参加，形成了一个范围广泛、交流互动、共同进步的"一带一路"国家文化教育学术研究共同体。大系旨在填补国内相关研究领域的学术空白，实现"一带一路"国家教育研究全覆盖，为中国教育"走出去"和相关国家先进教育理念"请进来"提供科学理论和实践指导，具有重要的学术价值。同时，大系服务国家重大战略，通过分期分批出版，形成规模和品牌，向中国共产党建党一百周年和"一带一路"倡议提出十周年献礼，具有深远的意义。

作为国家社会科学基金（教育学）重大项目"新时代提升中国参与全球教育治理的能力及策略研究"、北京外国语大学"双一流"建设标志性项目"'一带一路'国家文化教育研究"的课题研究成果和北京外国语大学党委的"奋进之举"，大系秉承学术性与可读性兼顾的原则，对"一带一路"国家文化教育理论与实践问题展开深入研究，从国情概览、文化传统、教育历史、学前教育、基础教育、高等教育、职业教育、成人教育、教师教育、教育政策、教育行政、教育交流等方面，全景擘画"一带一路"国家的教育风貌，帮助读者了解"一带一路"国家教育的历史与现状、经验与特点，为我国教育的发展和对外交流合作提供有益的借鉴、思考与启迪。

肆虐全球的新冠肺炎疫情严重影响了各国人民的生产生活，带来了二战以来人类面临的最严重的全球性危机，同时也再次阐述了人类命运共同体深刻内涵的世界性意义。在疫情防控常态化背景下，大系所有专家学者不畏困难，齐心协力，直面挑战，守望相助，化危为机，切实履行了响应和支持"一带一路"倡议的承诺。在此，特别感谢大系总策划、总主编王定华教授，以及所有顾问、编委和作者的心血倾注、智慧贡献和努力付出。

外语教学与研究出版社对大系的编写和出版工作给予了高度重视。自2019年项目启动以来，外研社抽调精锐力量成立大系工作组，多次组织相关部门和人员召开选题论证会，商建编委会，召开全体作者大会，制订周密、科学的出版计划，以保证项目的顺利开展和图书的优质出版。目前，大系的出版工作已取得阶段性成果，预计在2023年"一带一路"倡议提出十周年前后，将分期分批推出数量和规模可观的、具有相当科研价值和学术价值的系列专著。期望大系的编写和出版能为"一带一路"建设、中外教育交流及我国文化教育发展发挥基础性、服务性、广远性的作用。

外语教学与研究出版社

2021 年 4 月

总　序

王定华

　　改革开放以来，中国各项事业取得了巨大成就。中国经济和世界经济高度关联，中国一以贯之地坚持对外开放的基本国策，构建全方位开放新格局，深度融入世界经济体系。2013 年 9 月和 10 月，习近平主席在出访中亚和东南亚国家期间，先后提出共建"丝绸之路经济带"和"21 世纪海上丝绸之路"的重大倡议（以下简称"一带一路"倡议），得到国际社会的高度关注。其中，"丝绸之路经济带"东边牵着亚太经济圈，西边系着发达的欧洲经济圈，是世界上最长、最具发展潜力的经济大走廊；"21 世纪海上丝绸之路"串起连通东盟、南亚、西亚、北非、欧洲等各大经济板块的市场链，发展面向南海、太平洋和印度洋的战略合作经济带，以亚欧非经济贸易一体化为发展的长期目标。

一、精准把握"一带一路"倡议的时代意蕴

　　"经济带"概念是对地区经济合作模式的创新。其中经济走廊涵盖中蒙

俄经济走廊、新亚欧大陆桥、中国–中亚–西亚经济走廊、孟中印缅经济走廊、中国–中南半岛经济走廊等，以经济增长极辐射周边，超越了传统发展经济学理论。"丝绸之路经济带"概念不同于历史上所出现的各类"经济区"与"经济联盟"，同后两者相比，经济带具有灵活性高、适用性广以及可操作性强的特点，各国都是平等的参与者，本着自愿参与、协同推进的原则，发扬古丝绸之路兼容并包的精神。

"一带一路"倡议是我国在新时代推进全方位对外开放的重要举措，为当今世界提供了一个充满东方智慧、实现共同发展的中国方案，也是对历史文化传统的高度尊重，凝聚了世界各国利益的最大公约数。丝绸之路是起始于古代中国，连接亚洲、非洲和欧洲的古代陆上商业贸易路线，最初的作用是运输古代中国出产的丝绸、瓷器等商品，后来成为东方与西方之间在经济、政治、文化等方面进行交流的主要通道。1877 年，德国地质、地理学家李希霍芬（F. P. W. Richthofen）在其著作《中国》一书中，把公元前 114 年至公元 127 年，中国与中亚、中国与印度间以丝绸贸易为媒介的这条西域交通道路命名为"丝绸之路"，这一名词很快为学术界和大众所接受，并正式运用。其后，德国历史学家赫尔曼（A. Herrmann）在 20 世纪初出版的《中国与叙利亚之间的古代丝绸之路》一书中，根据新发现的文物考古资料，进一步把丝绸之路延伸到地中海西岸和小亚细亚，并确定了丝绸之路的基本内涵，即它是中国古代与中亚、南亚、西亚以及欧洲、北非的陆上贸易交往通道。进入 21 世纪，海上丝绸之路也被纳入丝绸之路的涵盖范围，即从中国沿海港口过南海到印度洋并延伸至欧洲，从中国沿海港口过南海到南太平洋。随着时代的发展，"丝绸之路"成为古代中国与西方所有政治经济文化往来通道的统称。

推进"一带一路"建设既是中国扩大和深化对外开放的需要，也是加强和世界各国互利合作的需要，中国愿意承担更多责任和义务，为人类和平发展做出更大的贡献。文明交流互鉴是构建人类命运共同体的重要途径，是推动人类文明共同进步、实现世界和平发展的重要动力。共建"一带一路"要顺应世界多极化、经济全球化、文化多样化、社会信息化的潮流，秉持开放的区域合作精神，致力于推动"一带一路"各国实现经济政策协调，开展更大范围、更高水平、更深层次的区域合作，共同打造开放、包容、均衡、普惠的区域经济合作架构，维护全球自由贸易体系和开放型世界经济格局。

"一带一路"贯穿亚欧非大陆，一头是活跃的东亚经济圈，一头是发达的欧洲经济圈，中间广大腹地国家经济发展潜力巨大。根据"一带一路"走向，陆上依托国际大通道，以中心城市为支撑，以重点经贸产业园区为合作平台，共同打造新亚欧大陆桥以及中蒙俄、中国-中亚-西亚、中国-中南半岛等国际经济合作走廊；海上以重点港口为基点，共同建设通畅安全高效的运输大通道。

"一带一路"建设是有关国家开放合作的宏大经济愿景，需要各国携手努力，朝着互利互惠、共同安全的目标相向而行：努力实现区域基础设施更加完善，安全高效的陆海空通道网络基本形成，互联互通达到新水平；投资贸易便利化水平进一步提升，高标准自由贸易区网络基本形成，经济联系更加紧密，政治互信更加深入；人文交流更加广泛深入，不同文明互鉴共荣，各国人民相知相交、和平友好。

"一带一路"倡议是具有开放性和包容性的友好建议。当今世界是一个开放的世界，开放带来进步，封闭导致落后。中国认为，只有开放才能发现机遇、抓住并用好机遇、主动创造机遇，才能实现国家的奋斗目标。"一带一路"倡议就是要把世界的机遇转变为中国的机遇，把中国的机遇转变为世界的机遇。正是基于这种认知与愿景，"一带一路"倡议以开放为导向，冀望通过加强交通、能源和网络等基础设施的互联互通建设，促进经济要素有序自由流动、资源高效配置和市场深度融合，开展更大范围、更高水平、更深层次的区域合作，打造开放、包容、均衡、普惠的区域经济合作架构，以此来解决经济增长和平衡问题。"一带一路"倡议的开放包容性是区别于其他区域性经济倡议的一个突出特点。

"一带一路"倡议是超越地缘政治的务实合作的广阔平台。"和平合作、开放包容、互学互鉴、互利共赢"的丝路精神是人类共有的历史财富，"一带一路"倡议就是秉承这一精神与原则提出的新时代重要倡议，通过加强相关国家间的全方位多层面交流合作，充分发掘与发挥各国的发展潜力与比较优势，形成互利共赢的区域利益共同体、命运共同体和责任共同体。在这一机制中，各国是平等的参与者、贡献者、受益者。因此，"一带一路"倡议从一开始就具有平等性、和平性特征。平等是中国坚持的重要国际准则，也是"一带一路"建设的关键基础。只有建立在平等基础上的合作才能是持久的合作，也才会是互利的合作。"一带一路"倡议平等包容的合作特征为其推进减轻了阻力，提升了共建效率，有助于国际合作真正"落地生根"。同时，"一带一路"建设离不开和平安宁的国际环境和地区环境，和平是"一带一路"建设的本质属性，也是保障其顺利推进所不可或缺的重要因素。这些就决定了"一带一路"倡议不应该也不可能沦为大国政治较量的工具，更不会重复地缘博弈的老路。

"一带一路"倡议是政府、企业、团体共同发力的项目载体。"一带一路"建设是在双边或多边联动基础上通过具体项目加以推进的，是在进行充分政策沟通、战略对接以及市场运作后形成的发展倡议与规划。2017年5月发布的《"一带一路"国际合作高峰论坛圆桌峰会联合公报》强调了建设"一带一路"的合作原则，其中就包括市场运作原则，即充分认识市场作用和企业主体地位，确保政府发挥适当作用，政府采购程序应开放、透明、非歧视。可见，"一带一路"建设的核心主体与支撑力量并不是政府，而是企业，根本方法是遵循市场规律，并通过市场化运作模式来实现参与各方的利益诉求，政府在其中发挥构建平台、创立机制、政策引导等指向性、服务性功能。

"一带一路"倡议是与现有相关机制对接互补的有益渠道。参与"一带一路"建设的国家要素禀赋各异，比较优势差异明显，互补性很强。有的国家能源资源富集但开发力度不够，有的国家劳动力充裕但就业岗位不足，有的国家市场空间广阔但产业基础薄弱，有的国家基础设施建设需求旺盛但资金紧缺。我国目前经济总量居全球第二，外汇储备居全球第一，优势产业越来越多，基础设施建设经验丰富，装备制造能力强、质量好、性价比高，具备资金、技术、人才、管理等综合优势。这就为我国与其他"一带一路"建设参与方实现产业对接与优势互补提供了现实可能与重大机遇。因而，"一带一路"倡议的核心内容就是要加强基础设施建设和促进互联互通，对接各国政策和发展战略，以便深化务实合作，促进协调联动发展，实现共同繁荣。由此可见，"一带一路"倡议不是对现有地区合作机制的替代，而是与现有机制互为助力、相互补充。实际上，"一带一路"建设已经与俄罗斯主导的欧亚经济联盟、印尼全球海洋支点发展规划、哈萨克斯坦光明之路经济发展战略、蒙古国草原之路倡议、欧盟欧洲投资计划、埃及苏伊士运河走廊开发计划等实现了对接与合作，并形成了一批标志性项目，如中哈（连云港）物流合作基地。作为新亚欧大陆桥经济走廊建设成果之一，中哈（连云港）物流合作基地初步实现了深水大港、远洋干线、中欧班列、物流场站的无缝对接。该项目与哈萨克斯坦光明之路经济发展战略高度契合。

"一带一路"倡议是促进人文交流的沟通桥梁。"一带一路"倡议跨越不同区域、不同文化、不同宗教信仰，但它带来的不是文明冲突，而是各文明间的交流互鉴。"一带一路"倡议在推进基础设施建设、加强产能合作与发展战略对接的同时，也将"民心相通"作为工作重心之一。民心相通是"一带一路"建设的社会根基。民心相通就是要传承和弘扬丝绸之路友好合作精神，广泛进行文化交流、学术交流、人才交流往来、媒体合作、青年和妇女交往、志愿者服务等，为深化双边和多边合作奠定坚实的民意基础。一是扩大相互间留学生规模，开展合作办学；国家间互办文化年、艺术节、电影节、电视周和图书展等活动，深化国家间人才交流合作。二是加强旅游合作，扩大旅游规模，联合打造具有丝绸之路特色的国际精品旅游线路和旅游产品。三是强化与周边国家在传染病疫情信息沟通、防治技术交流、专业人才培养等方面的合作，提高合作处理突发公共卫生事件的能力。四是加强科技合作，共建联合实验室（研究中心）、国际技术转移中心、海上合作中心，促进科技人员交流，合作开展重大科技攻关，共同提升科技创新能力。五是整合现有资源，开拓和推进参与国家在青年就业、创业培训、职业技能开发、社会保障管理服务、公共行政管理等共同关心领域的务实合作。六是充分发挥政党、议会交往的桥梁作用，加强国家之间立法机构、主要党派和政治组织的友好往来，互结友好城市。七是加强各国民间组织的交流合作，重点面向基层民众，广泛开展教育、医疗、减贫开发、生物多样性和生态环保等主题的各类公益慈善活动，改善贫困地区生产生活条件；加强文化传媒领域的国际交流合作，积极利用网络平台，运用新媒体工具，塑造和谐友好的文化生态和舆论环境；通过强化民心相通，弘扬丝绸之路精神，开展智力丝绸之路、健康丝绸之路等建设，在科学、教育、文化、卫生、民间交往等领域广泛合作，使"一带一路"建设的民意基础更为坚实，社会根基更加牢固。"一带一路"建设就是要以文明交流超越文明隔阂，以文明互鉴超越文明冲突，以文明共存超越文明优越，为相关国家人民加强交流、增进理解搭起新的桥梁，为不同文化和文明加强对话、交流互鉴织就新的纽带，推动各国相互理解、相互尊重、相互信任。

"一带一路"是促进共同发展、实现共同繁荣的友谊之路。共建"一带一路"旨在促进各国发展战略的对接和耦合，有利于发掘区域市场的潜力，推动经济要素有序自由流动、资源高效配置和市场深度融合，促进投资和消费，创造需求和就业，增进各国人民的人文交流与文明互鉴，从而让各国人民相逢相知、互信互敬，共享和谐、安宁、富裕的生活。共建"一带一路"符合国际社会的根本利益，彰显了人类社会的共同理想和美好追求，是国际合作及全球治理新模式的积极探索，将为世界和平发展增添新的正能量。中国政府倡议秉持和平合作、开放包容、互学互鉴、互利共赢的理念，全方位推进务实合作，打造政治互信、经济融合、文化包容的利益共同体、命运共同体和责任共同体。

"一带一路"倡议已经得到世界上众多国家和地区的积极响应，成为维护全球自由贸易体系和开放型世界经济的重要支撑。截至 2021 年 1 月 30 日，中国已经同 171 个国家和国际组织签署 205 份共建"一带一路"合作文件。[1] 特别是 2017 年 5 月第一届"一带一路"国际合作高峰论坛、2019 年 4 月第二届"一带一路"国际合作高峰论坛和 2019 年 5 月亚洲文明对话大会的成功举办，充分彰显了我国开放、包容的大国外交风范。在此背景下，我们一方面应致力于向世界介绍中国，推动中国文化"走出去"，讲好中国故事；另一方面也应加强对"一带一路"国家的历史、文化、语言、教育、艺术等方面的介绍和研究，让中国人民更多地了解"一带一路"国家的具体国情，特别是文化传统和教育体系。

"一带一路"倡议合作范围不断扩大，合作领域愈加广阔。它不仅给参与各方带来了实实在在的合作红利，也为世界贡献了应对挑战、创造机遇、强化信心的智慧与力量。

当今世界，新冠肺炎疫情带来诸多挑战，局部战争风险依然存在，经济增长动能不足，"逆全球化"思潮涌动，地区动荡持续，恐怖主义蔓延。和平赤字、发展赤字、治理赤字带来的严峻问题，已摆在全人类面前。这充分说明现有的全球治理体系面临结构性问题，亟须找到新的破解之策与应对方略。作为一个新兴大国，中国有能力、有意愿同时也有责任为完善全球治理体系贡献智慧与力量。面对新挑战、新问题、新情况，中国给出

---

[1] 中国一带一路网. 我国已签署共建"一带一路"合作文件 205 份 [EB/OL].（2021-01-30）[2021-02-23].
https://www.yidaiyilu.gov.cn/xwzx/gnxw/163241.htm.

的全球治理方案是：构建人类命运共同体，实现共赢共享。"一带一路"倡议正是朝着这个目标努力的具体实践。"一带一路"倡议强调各国的平等参与、包容普惠，主张携手应对世界经济面临的挑战，开创发展新机遇，谋求发展新动力，拓展发展新空间，共同朝着人类命运共同体方向迈进。正是本着这样的原则与理念，"一带一路"倡议针对各国发展的现实问题和治理体系的短板，创立了亚洲基础设施投资银行、丝路基金等新型国际机制，构建了多形式、多渠道的交流合作平台。这既能缓解当今全球治理机制代表性、有效性、及时性难以适应现实需求的困境，在一定程度上扭转公共产品供应不足的局面，提振国际社会参与全球治理的士气与信心，又能满足发展中国家尤其是新兴市场国家变革全球治理机制的现实要求，大大增强了新兴国家和发展中国家的话语权，是推进全球治理体系朝着更加公正合理方向发展的重大突破。

"一带一路"倡议涵盖了发展中国家与发达国家，实现了"南南合作"与"南北合作"的统一，有助于推动全球均衡可持续发展。"一带一路"建设以基础设施建设为着眼点，促进经济要素有序自由流动，推动中国与相关国家的宏观政策的对接与协调。对于参与"一带一路"建设的发展中国家来说，这是一次搭中国经济发展"快车""便车"，实现自身工业化、现代化的历史性机遇，有利于推动"南南合作"的广泛展开，同时也有助于增进"南北对话"，促进"南北合作"的深度发展。不仅如此，"一带一路"倡议的理念和方向同联合国《2030 年可持续发展议程》也高度契合，完全能够加强对接，实现相互促进。联合国秘书长古特雷斯表示，"一带一路"倡议与《2030 年可持续发展议程》都以可持续发展为目标，都试图提供机会、全球公共产品和双赢合作，都致力于深化国家和区域间的联系。

二、深入推动"一带一路"国家的教育交流

2020 年 6 月印发的《教育部等八部门关于加快和扩大新时代教育对外开放的意见》指出，教育对外开放是教育现代化的鲜明特征和重要推动力，要以习近平新时代中国特色社会主义思想为指导，坚持教育对外开放不动摇，主动加强同世界各国的互鉴、互容、互通，形成更全方位、更宽领域、更多层次、更加主动的教育对外开放局面。

教育为国家富强、民族繁荣、人民幸福之本，在共建"一带一路"中具有基础性和先导性作用。教育交流为各国民心相通架设桥梁，人才培养为各国政策沟通、设施联通、贸易畅通、资金融通提供支撑。各国间教育交流源远流长，教育合作前景广阔，大家携手发展教育，合力共建"一带一路"，是造福各国人民的伟大事业。推进"一带一路"国家教育共同繁荣，既是加强与各国教育互利合作的需要，也是推进中国教育改革发展的需要，中国愿意在力所能及的范围内承担更多责任和义务，为区域教育大发展做出更大的贡献。

（一）教育合作的原则

"一带一路"国家教育合作应遵循四个重要原则。

一是育人为本，人文先行。加强合作育人，提高区域人口素质，为共建"一带一路"提供人才支撑。坚持人文交流先行，建立区域人文交流机制，搭建民心相通桥梁。

二是政府引导，民间主体。政府加强沟通协调，整合多种资源，引导教育融合发展。发挥学校、企业及其他社会力量的主体作用，活跃教育合作局面，丰富教育交流内涵。

三是共商共建，开放合作。坚持共商、共建、共享，推进各国教育发

展规划相互衔接，实现各国教育融通发展、互动发展。

四是和谐包容，互利共赢。加强不同文明之间的对话，寻求教育发展最佳契合点和教育合作最大公约数，促进各国在教育领域互利互惠。

（二）教育合作的重点

"一带一路"各国教育特色鲜明、资源丰富、互补性强、合作空间巨大。中国将以基础性、支撑性、引领性三方面举措为建议框架，开展三方面重点合作，对接各国意愿，互鉴先进教育经验，共享优质教育资源，全面推动各国教育提速发展。

1. 开展教育互联互通合作

一是加强教育政策沟通。开展"一带一路"国家教育法律、政策协同研究，构建各国教育政策信息交流通报机制，为各国政府推进教育政策互通提供决策建议，为各国学校和社会力量开展教育合作交流提供政策咨询。积极签署双边、多边和次区域教育合作框架协议，制定各国教育合作交流国际公约，逐步疏通教育合作交流政策性瓶颈，实现学分互认、学位互授联授，协力推进教育共同体建设。

二是助力教育合作渠道畅通。推进"一带一路"国家间签证便利化，扩大教育领域合作交流，形成往来频繁、合作众多、交流活跃、关系密切的携手发展局面。鼓励有合作基础、相同研究课题和发展目标的学校缔结姊妹关系，逐步深化和拓展教育合作交流。举办校长论坛，推进学校间开展多层次、多领域的务实合作。支持高等学校依托优势学科和专业，建立"产学研用"相结合的国际合作联合实验室（研究中心）、国际技术转移中心，共同应对各国在经济发展、资源利用、生态保护等方面面临的重大挑战与机遇。打造"一带一路"国家学术交流平台,吸引各国专家学者、青年学生开展研究和学术交流。推进"一带一路"国家优质教育资源共享。

三是促进语言互通。研究构建语言互通协调机制,共同开发语言互通开放课程,逐步将国家语言课程纳入各国的学校教育课程体系。拓展政府间语言学习交换项目,联合培养、相互培养高层次语言人才。发挥外国语院校人才培养优势,推进基础教育多语种师资队伍建设和外语教育教学工作。扩大语言学习国家公派留学人员规模,倡导各国与中国院校合作在华开办本国语言专业。支持更多社会力量助力孔子学院和孔子课堂建设,加强汉语教师和汉语教学志愿者队伍建设,全力满足不同国家的汉语学习需求。

四是推进民心相通。鼓励学者开展或合作开展中国课题研究,增进各国对中国发展模式、国家政策、教育文化等各方面的理解。建设国别和区域研究基地,与对象国合作开展经济、政治、教育、文化等领域研究。逐步将理解教育课程、丝路文化遗产保护纳入各国中小学教育课程体系,加强青少年对不同国家文化的理解。加强"丝绸之路"青少年交流,注重通过志愿服务、文化体验、体育竞赛、创新创业活动和新媒体社交等途径,增进不同国家青少年对其他国家文化的理解。

五是推动学历学位认证标准联通。推动落实联合国教科文组织《亚太地区承认高等教育资历公约》,支持联合国教科文组织建立世界范围学历互认机制,实现区域内双边、多边学历学位关联互认。呼吁各国完善教育质量保障体系和认证机制,加快推进本国教育资历框架开发,助力各国学习者在不同种类和不同阶段教育之间进行转换,促进终身学习社会的建设。共商、共建区域性职业教育资历框架,逐步实现就业市场的从业标准一体化。探索建立各国教师专业发展标准,促进教师流动。

2．开展人才培养培训合作

一是实施"丝绸之路"留学推进计划。设立"丝绸之路"中国政府奖学金，为各国专项培养行业领军人才和优秀技能人才。全面提升来华留学人才培养质量，把中国打造成为深受各国学子欢迎的留学目的地。以国家公派留学为引领，推动更多中国学生到"一带一路"其他国家留学。坚持"出国留学和来华留学并重、公费留学和自费留学并重、扩大规模和提高质量并重、依法管理和完善服务并重、人才培养和发挥作用并重"，完善全链条的留学人员管理服务体系，保障平安留学、健康留学、成功留学。

二是实施"丝绸之路"合作办学推进计划。有条件的中国高等学校开展境外办学要集中优势学科，选好合作契合点，做好前期论证工作，构建科学的人才培养模式、运行管理模式、服务当地模式、公共关系模式，使学校顺利落地生根、开花结果。发挥政府引领、行业主导作用，促进高等学校、职业院校与行业企业深度产教融合。鼓励中国优质职业教育配合高铁、电信运营等行业企业"走出去"，探索开展多种形式的境外合作办学，合作设立职业院校、培训中心，合作开发教学资源和项目，开展多层次职业教育和培训，培养当地急需的各类"一带一路"建设者。整合资源，积极推进与各国在青年就业培训等共同关心领域的务实合作。倡议国家之间开展高水平合作办学。

三是实施"丝绸之路"师资培训推进计划。开展"丝绸之路"教师培训，加强先进教育经验交流，提升区域教育质量。加强"丝绸之路"教师交流，推动各国校长交流访问、教师及管理人员交流研修，推进优质教育模式在各国的互学互鉴。大力推进各国优质教学仪器设备、教材课件和整体教学解决方案的输出，跟进教师培训工作，促进各国教育资源和教学水平均衡发展。

四是实施"丝绸之路"人才联合培养推进计划。推进国家间的研修访学活动。鼓励各国高等院校在语言、交通运输、建筑、医学、能源、环境工程、水利工程、生物科学、海洋科学、生态保护、文化遗产保护等国家发展急需的专业领域联合培养学生，推动联盟内或校际教育资源共享。

3．共建丝路合作机制

一是加强"丝绸之路"人文交流高层磋商。开展国家间的双边、多边人文交流高层磋商，商定"一带一路"教育合作交流总体布局，协调推动各国建立教育双边和多边合作机制、教育质量保障协作机制和跨境教育市场监管协作机制，统筹推进"一带一路"教育共同行动。

二是充分发挥国际合作平台作用。发挥上海合作组织、东亚峰会、亚太经合组织、亚欧会议、亚洲相互协作与信任措施会议、中阿合作论坛、东南亚教育部长组织、中非合作论坛、中巴经济走廊、孟中印缅经济走廊、中蒙俄经济走廊等现有双边、多边合作机制的作用，增加教育合作的新内涵。借助联合国教科文组织等国际组织力量，推动各国围绕实现世界教育发展目标形成协作机制。充分利用中国–东盟教育交流周、中日韩大学交流合作促进委员会、中阿大学校长论坛、中非高校20+20合作计划、中日大学校长论坛、中韩大学校长论坛、中俄综合性大学联盟等已有平台，开展务实的教育合作交流。支持在共同区域、有合作基础、具备相同专业背景的学校组建联盟，不断延展教育务实合作平台。

三是实施"丝绸之路"教育援助计划。发挥教育援助在"一带一路"教育共同行动中的重要作用，逐步加大教育援助力度，重点投资于人、援助于人、惠及于人。发挥教育援助在"南南合作"中的重要作用，加大对相关国家尤其是最不发达国家的支持力度。统筹利用国家、教育系统和民间资源，为相关国家培养培训教师、学者和各类技能人才。积极开展优质教学仪器设备、整体教学方案、配套师资培训一体化援助。加强中国教育培训中心和教育援外基地建设。倡议各国建立政府引导、社会参与的多元化经费筹措机制，通过国家资助、社会融资、民间捐赠等渠道，拓宽教育经费来源，做大教育援助格局，实现教育共同发展。

三、精心组织"一带一路"国家文化教育大系的编著出版

在编写"一带一路"国家文化教育大系过程中，应当全面了解国内外对"一带一路"倡议的响应情况，关注进展，总结做法；应当在新冠肺炎疫情得到控制后到对象国去走一走，看一看，实地感受其教育情况和发展变化；应当广泛收集对象国一手资料，认真阅读，消化分析，吐故纳新；应当多方检索专家学者已经开展的相关研究，虚心参阅已有的研究成果。肆虐全球的新冠肺炎疫情，给人类身体健康和生命安全带来了巨大威胁，对世界格局和世界治理体系产生了重大影响，给全球各行各业带来了巨大挑战。教育置身其间，影响十分明显。因而，对"一带一路"国家文化教育进行研究时，必须观察分析疫情对相关国家文化教育和全球教育治理的深刻影响。

"一带一路"倡议提出后，中外已形成多个"一带一路"多边大学联盟。2015 年 5 月 22 日，由西安交通大学发起的新丝绸之路大学联盟成立，迄今已吸引 38 个国家和地区的 150 余所大学加盟。该联盟是海内外大学结成的非政府、非营利性的开放性、国际化高等教育合作平台，以"共建教育合作平台，推进区域开放发展"为主题，推动"新丝绸之路经济带"国家和地区大学之间在校际交流、人才培养、科研合作、文化沟通、政策研究、医疗服务等方面的交流与合作，增进青少年之间的了解和友谊，培养具有国际视野的高素质、复合型人才，服务"新丝绸之路经济带"及欧亚地区的发展建设。

2015 年 10 月 17 日，丝绸之路（敦煌）国际文化博览会筹委会文化传承创新高端学术研讨会在敦煌举行。中国的复旦大学、北京师范大学、兰州大

学和俄罗斯乌拉尔国立经济大学、韩国釜庆大学等 46 所中外高校在甘肃敦煌成立了"一带一路"高校战略联盟，以探索跨国培养与跨境流动的人才培养新机制，培养具有国际视野的高素质人才。46 所高校当日达成《敦煌共识》，联合建设"一带一路"高校国际联盟智库。联盟将共同打造"一带一路"高等教育共同体，推动"一带一路"国家和地区大学之间在教育、科技、文化等领域的全面交流与合作，服务"一带一路"国家和地区的经济社会发展。

2016 年 9 月，中国、中亚及丝绸之路经济带沿线 7 个国家的 51 所高校共同发起成立了中国-中亚国家大学联盟，旨在打造开放性、国际化互动平台，深化"一带一路"科教合作。

此外，高等教育合作研讨会也日渐增多，既有官方推动形成的研讨会，也有民间自发举办的研讨会。比如，中外大学校长论坛、新加坡-中国-印度高等教育论坛、"一带一路"教育对话论坛，以及北京师范大学举办的"一带一路"国家教育交流与合作高端研讨会，北京外国语大学举办的"一带一路"与行业国际化人才培养高峰论坛，北京理工大学主办的"一带一路"高等教育研究国际会议，浙江大学举办的"一带一路"背景下的工程科技人才培养国际研讨会等。这些多边研讨会的召开，不仅吸引了大量"一带一路"沿线国家的教育研究者与实践者参会，推动了研究与实践合作，而且创新了教育合作模式，促进了国际化高端人才培养，为"一带一路"建设奠定了民意基础。

"一带一路"倡议提出之后，中国学术界迅速开展了关于"一带一路"的研究活动，有关"一带一路"主题的图书主要有以下五类。第一类是倡议解读类图书，一般是梳理"一带一路"倡议的提出、发展及其理论内涵与外延。第二类是经济贸易类图书，专业性较强，主要为理论研究型图书。第三类是国情文史类图书，多为介绍"一带一路"国家国情概览、历史情况、发展概况的工具书，语言平实，部分图书学术性较强。第四类是丝路历史类图书，一般回顾古代丝绸之路的形成与发展、丝绸之路上的人物和大事记等，追古溯源，以便更好地开启"一带一路"新篇章。第五类是法律税收类图书，多为法律指引、税务规范手册等。

可以看出，国内对"一带一路"国家的研究已有一定基础，但是囿于语言翻译的障碍，已经出版的"一带一路"图书，大多是政策解读、数据报告、概况介绍等，对对象国的研究广度和深度还很不够，尤其是针对"一带一路"国家文化教育的系统研究还比较少。

在"一带一路"国家中，遴选具有代表性的对象，对其文化、教育进行系统性的研究，并在此基础上编写"一带一路"国家文化教育大系，分期分批出版，对于帮助中国普通读者和研究人员了解"一带一路"国家的文化教育情况，以及对于拓展我国比较教育研究领域、丰富比较教育研究文献，乃至对于促进中外文明互通、更好地参与推进"一带一路"建设，都具有重要意义。基于对选题背景与意义、相关出版产品调研和北京外国语大学比较优势的分析，"一带一路"国家文化教育大系坚持学术性、可读性兼顾原则，分批次推出，不断积累，以形成规模和品牌。

大系在内容上，一方面呈现"一带一路"国家的文化概貌，展示"一带一路"国家教育发展的文化背景和社会依托。大系采用专题形式，力求用简洁平实的语言生动活泼地介绍"一带一路"国家的自然地理、人文景观、历史发展、风土人情、文化遗产等内容，重点呈现对象国独有的文化现象和独特风貌，集中揭示其民族文化内涵、民族精神、人文意蕴。另一方面，大系重点研究、评价、介绍"一带一路"国家教育的基本情况、发展历史、发展战略、政策法规、现存体系、治理模式与师资队伍等，这方面内容占较大篇幅，是全书的重点和主要内容。

"一带一路"倡议正在成为我国参与全球开放合作、改善全球治理体系、促进全球共同发展繁荣、推动构建人类命运共同体的中国方案。作为国家社会科学基金（教育学）重大项目"新时代提升中国参与全球教育治理的能力及策略研究"的部分研究成果和北京外国语大学"双一流"建设重大标志性成果，"一带一路"国家文化教育大系计划在 2021 年中国共产党建党 100 周年和北京外国语大学建校 80 周年之际，推出首批图书。2023 年"一带一路"倡议提出 10 周年时，推出该项目二期成果。同时积极参与党和国家相关主题纪念活动，以及国家重大图书项目的申报评选工作。

北京外国语大学以外语见长，国际交往活跃，被誉为"共和国外交官的摇篮"，先后培养了 400 多位大使、2 000 多位参赞，以及更多的外交外事外贸工作者。凡是有五星红旗飘扬的地方，都能看到北外人的身影。北外不仅承担着培养各类国际化人才的任务，更担负着向中国介绍世界、向世界介绍中国的历史使命。迄今为止，北外已获批开设 101 种外国语言，成立了 37 个区域与国别研究中心，丰富的涉外资源正在助力"一带一路"国家的研究。

大系由外研社具体组织实施。外研社隶属北外，多年来致力于"一带一路"国家的合作交流，服务讲好"中国故事"，在中华思想文化传播、打造中外出版联盟、推动中外学术互译等方面积累了丰富经验，对于协助研究、编著、出版"一带一路"国家文化教育大系具有良好的工作基础。这也是北外及外研社的使命和担当之所在。

大系编著者以北外教师为主。服务国家重大战略，北外人责无旁贷。同时，国内有研究专长和研究意愿的专家学者也踊跃参与，他们或独自撰著一书，或与北外同仁合作。大系还邀请了驻外使领馆的同志和对象国的学者参加撰写或审稿，他们运用一手资料，开展实地调研，力图提升大系的准确性。

四、结语

"一带一路"倡议植根历史，更面向未来；源于中国，更属于世界。"一带一路"作为文明互鉴的桥梁，从亚欧大陆延伸到非洲、美洲、大洋洲，与世界各国发展战略及众多国际和地区组织的发展实现对接联通，在通路、通航的基础上更好地通商，进而开展文化教育交流与沟通，加强商品、资金、技术、文化、教育流通，达成互学互鉴的文明愿景。"一带一路"倡议的目标是中国与"一带一路"国家在互联互通基础上分享优质产能，共商项目投资，共建基础设施，共享合作成果，内容包括政策沟通、设施联通、贸易畅通、资金融通、民心相通"五通"。"一带一路"倡议肩负重大使命，它要探寻经济增长之道，将中国自身的产能优势、技术与资金优势、经验与模式优势转化为市场与合作优势，实行全方位开放，共享中国改革发展红利；它要实现全球化再平衡，鼓励向西开放，带动西部开发以及中亚、蒙古等内陆国家和地区的开发，在国际社会推行全球化的包容性发展理念，主动向西推广中国优质产能和比较优势产业，惠及沿途、沿岸国家，避免西方国家所开创的全球化造成的贫富差距和地区发展不平衡情况，推动建立持久和平、普遍安全、共同繁荣的和谐世界；它要开创地区新型合作，强调共商、共建、共享原则，超越了马歇尔计划和传统的对外援助活动，给21世纪的国际合作带来了新的理念。所以，新时代中国的教育学者应当将"一带一路"国家文化教育研究作为比较教育新的增长点，全面深入开展研究，以自己的聪明才智丰富学术，为国出力，服务国家重大发展战略；在加强与"一带一路"国家的交流合作中，推动"一带一路"建设高质量发展，努力建设高质量的中国教育体系，并积极参与后疫情时代全球教育治理体系改革，加快构建以国内大循环为主体、国内国际双循环相互促进的新发展格局。

2023 年春
于北京外国语大学

（王定华，北京外国语大学党委书记、博士、教授、博士生导师，国家督学。历任河南大学教师、中国驻纽约总领事馆教育领事、教育部基础教育一司司长、教育部教师工作司司长等。）

本书前言

　　沙特阿拉伯全称沙特阿拉伯王国，简称沙特，首都为利雅得。沙特位于阿拉伯半岛，以伊斯兰教为国教。截至 2021 年，沙特总人口约 3 617 万，人均国内生产总值约 2.35 万美元。沙特面积约 225 万平方千米，是阿拉伯半岛国土面积最大的国家。[1] 就综合国力而言，沙特是阿拉伯世界国际影响力最大的国家之一。多方面的因素使沙特备受关注。第一，从地理区位来看，沙特约占阿拉伯半岛 80% 的土地，与约旦、伊拉克、科威特、阿联酋等国接壤，东临波斯湾，西临红海，既是东西方航运往来的要冲，也是"一带一路"的重要节点。第二，从自然资源来看，沙特是石油和天然气储量最为丰富的国家之一。石油强化了沙特在国际舞台上的特殊地位。近年来，石油成为沙特改革的重要动因之一。第三，从宗教文化来看，伊斯兰教的两大圣城——麦加和麦地那均位于沙特境内，宗教不仅赋予了沙特在伊斯兰世界的独特地位，也对沙特的文化教育产生了深远的影响。

　　自 1990 年中沙建交以来，两国关系快速发展，合作领域不断拓展。2016 年，双方签署政府间共建"一带一路"谅解备忘录，宣布建立全面战略伙伴关系。同年，沙特提出"2030 年愿景"，与中国的"一带一路"倡议实现了对接。

　　基于上述背景，沙特是"一带一路"国家文化教育大系研究中不可或

---

[1] 中华人民共和国外交部 . 沙特阿拉伯国家概况 [EB/OL]. [2022-11-30]. https://www.mfa.gov.cn/web/gjhdq_676201/gj_676203/yz_676205/1206_676860/1206x0_676862/.

缺的对象国。笔者诚挚感谢大系项目组的信赖，但在面对文化历史如此悠久、宗教传统如此复杂的国家时，又因阿拉伯语能力阙如而诚惶诚恐。回顾沙特教育发展的历史，1932 年以后，沙特现代国民教育体系逐渐建立。20 世纪 50 年代到 20 世纪末，沙特国家构建不断完善、石油经济蓬勃发展，这极大促进了教育现代化的进程。在这个过程中，外资企业对沙特的社会建设产生了较大影响，在企业的带动下，沙特与美国人员交流往来密切，留下了宝贵的英文教育资料。自 20 世纪末以来，沙特的教育现代化进程和国际化进程都显著加快，文化教育的国际交流极大繁荣，更多的沙特政策文件以英文发布；联合国教科文组织、经济合作与发展组织等国际组织也对沙特教育政策和实践进行了系统的回顾和研究；此外，还有学者不断产出中文、英文的研究成果，以上资料使得本研究能够顺利开展。

语言是外国文化教育研究的重要基础，虽然本书主要依靠英文和中文资料，但如果未能深入阿拉伯语的原始文献，对一些关键议题的探讨恐将难免有"管窥蠡测"之憾。为此，本书邀请了多位教育学和阿拉伯语语言文学专业的学者共同参与。写作难度较大的"教育历史"、强调前沿性的"中沙教育交流"等章节，初稿均由阿拉伯语专业的成员执笔。针对其他章节疑难内容，笔者也积极请教阿拉伯语专业的成员，寻求语言支持。具体而言，本书分工如下。第一章由江政一撰写，第二章由尤陆颖撰写，第三章由吴若仪撰写，第四章由高存撰写，第五章由李逸然撰写，第六章由肖福军撰写，第七章由肖军撰写，第八章由周菲菲撰写，第九章由蔡娟和杨淙钦撰写，第十章由王文静和尤铮撰写，第十一章由王婷钰和陈世杰撰写。尤铮对全书进行了审改和统稿。陈世杰和王婷钰在本书统稿过程中不辞辛劳地提供了阿拉伯语的专业支持。衷心感谢以上师生学友的慷慨帮助和支持。

我们衷心感谢北京外国语大学党委书记、中国教育学会副会长兼国际教育分会理事长、"一带一路"国家文化教育大系总主编王定华教授和国际教育学院院长秦惠民教授、阿拉伯学院院长刘欣路教授给予的专业指导。外语教学与研究出版社是撰著本书的坚实后盾：外研社党委副书记、常务副社长刘捷编审鼓励年轻人勇于接受挑战的殷殷话语犹在耳边，期刊分社社长孙凤兰编审、文化教育编辑部主任巢小倩副编审和姚希瑞编辑为本书编辑、出版给予了诸多支持。本书配图主要来自 unsplash、pexels、pixabay 三个开源图片网站，阿卜杜拉国王科技大学硕士毕业生王凯提供了学校的图片。在此对图片提供方一并致谢。

尤铮

2023 年 7 月于北京外国语大学国际教育学院

目　录

第一章 国情概览

第一节 自然地理

一、地理位置

沙特阿拉伯王国，通称沙特阿拉伯，简称沙特，位于亚洲西南部的阿拉伯半岛，国土总面积约为 225 万平方千米，约占阿拉伯半岛总面积的 80%。沙特东濒波斯湾，西临红海，同约旦、伊拉克、科威特、阿联酋、阿曼、也门等国接壤。沙特海岸线长 2 448 千米，是唯一同时拥有红海海岸线和波斯湾海岸线的国家。[1]

沙特的地理位置优越，拥有多个优良海港，如吉达港、达曼港等，沙特依靠丰富的石油资源和优良的港口资源，迅速发展为阿拉伯强国。

---

[1] 中华人民共和国外交部. 沙特阿拉伯国家概况 [EB/OL]. [2022-11-30]. https://www.mfa.gov.cn/web/gjhdq_676201/gj_676203/yz_676205/1206_676860/1206x0_676862/.

二、地形地貌

沙特地势西高东低，呈阶梯状。全境大部分地区为高原，红海沿岸为狭长平原，平原东侧为赛拉特山。山地以东地势逐渐降低，直至东部波斯湾沿岸平原。[1] 位于沙特西南部的希贾兹山脉沿红海东岸朝南北方向延伸。希贾兹山脉是沙特重要的地理分界线，山脉以西降水较多，气候凉爽湿润，是阿拉伯半岛主要的农业区；山脉以东是阿拉伯半岛中部高原地带，降水稀少，气候干燥，有沙漠绿洲点缀其中。[2]

沙特有着"沙漠王国"之称，沙漠约占其国土面积的一半。北部大内夫得沙漠、中部小内夫得沙漠和南部的鲁卜哈利沙漠是沙特的三大沙漠。内夫得沙漠的水井和绿洲资源丰富，鲁卜哈利沙漠是世界上面积最大的流动沙漠。

三、气候特征

沙特是世界上最热的地区之一，以热带沙漠气候为主。夏季酷热，最高气温可达 50℃以上，冬季气温较为温和。除了沿海地区湿度较高外，其他大多数地区炎热干燥，沙特北部年降水量为 100—200 毫米，南部年降水量在 100 毫米以下。[3] 沙特常年盛行东北风和南风，强劲的季风容易将撒哈拉沙漠的沙尘带入沙特境内，沙尘暴因此成为该地常见的气象灾害。[4]

---

[1] 李丽. 沙特阿拉伯：中东丝路上的绿洲 [M]. 北京：北京联合出版公司，2016：9.

[2] 陈沫. 沙特阿拉伯 [M]. 北京：社会科学文献出版社，2011：3.

[3] 资料来源于英国石油公司官网。

[4] 陈沫. 沙特阿拉伯 [M]. 北京：社会科学文献出版社，2011：5.

四、水文特征

沙特大部分地区为干旱或者半干旱的沙漠和荒漠，地表水资源十分稀缺，境内无常年河或常年湖，因此也被称为"无流之国"。沙特的主要水源为淡化水和地下水，淡化水和地下水各占沙特耗水量的 50%，地下水约占沙特天然淡水的 98%。[1] 2008 年，联合国粮农组织预警，沙特提取的大部分地下水来自深层含水层，这一资源储量最多约能支撑 25 年。因此，为解决生产生活用水不足问题，沙特大力发展海水淡化工业。目前，沙特已经成为世界上最大的淡化海水生产国。

五、自然资源

（一）石油与天然气资源

沙特是世界上石油和天然气储量最丰富的国家之一。1938 年，沙特的达曼地区打出第一口商业油井，并开始向外输出石油。《2021 年世界能源统计年鉴》指出，截至 2020 年年底，沙特原油探明储量为 407.6 亿吨，约占世界储量的 17%，居世界第二位，仅次于委内瑞拉。沙特的石油质量好、埋藏浅、分布较为集中、开采难度小。沙特全国约有 130 个油田，一半以上的石油储量集中在东北地区的 9 个油田中。这些石油资源主要通过中部的石油管道输送到延布、吉达等西部沿海地区的炼油厂和港口，然后运往全世界。沙特的主要油田包括加瓦尔油田、萨法尼亚油田、玛尼法油田。[2]

---

[1] 资料来源于联合国粮农组织官网。

[2] 资料来源于英国石油公司官网。

沙特的天然气资源也比较丰富。截至 2020 年年底，沙特天然气储量为 6 万亿立方米，占全球总量的 3.2%，居世界第八位。[1] 沙特的大部分天然气田与油田毗邻或伴生，天然气的产量随原油产量增加而增加。例如，沙特第一大油田加瓦尔油田的天然气储量很大，占波斯湾地区天然气总储量的 30%。[2] 沙特既不进口也不出口天然气，所产天然气完全用于满足国内需求。2012 年投产的卡兰气田项目是沙特第一个海上非伴生气项目，日产能约为 51 万立方米。[3]

除此之外，沙特还有丰富的光能、风能资源。沙特正在积极利用这些资源，并寻求向亚洲主要市场出口的机会，推动能源经济转型。

（二）矿产资源

沙特的金属、非金属矿藏十分丰富。沙特统计总局的数据显示，截至 2016 年年底，沙特探明的矿产共有 5 478 处。其中，54% 为砂石、盐、硫矿、煤矿等非金属矿；46% 为金、银、铜等金属矿。沙特已探明 30 多种金属矿产，其中，金矿储量最为丰富，占全部金属矿产的 33%。位于吉达东北部的迈赫德宰海卜金矿是沙特主要的金矿，这座矿山还伴生有银。在非金属矿产中，石灰石储量占比较大，占沙特所有非金属矿产的 18%。[4]

沙特工业与矿产资源部表示，境内稀有矿产资源有望成为沙特经济摆脱依赖石油现状，实现转型和均衡发展的关键要素。为进一步释放未开发矿产资源的潜力，沙特政府颁布《沙特矿业投资法》，为沙特矿业的战略性

---

[1] 资料来源于英国石油公司官网。

[2] 本刊. 世界著名油田 [J]. 地球，2015（2）：87.

[3] 博士说油. 中东产油国介绍——沙特油气产业概况 [EB/OL]. [2023-07-29]. https://zhuanlan.zhihu.com/p/176972096?utm_id=0.

[4] 资料来源于沙特统计总局官网。

部署提供了强有力的政策支撑，推动矿业成为与石油、天然气并列的沙特经济"第三大支柱"。[1]

（三）动植物资源

沙特最常见的植物是枣椰树。枣椰树适宜在沙漠或半沙漠地带的高温低湿环境中生存。枣椰树的果实椰枣香甜可口，长期以来都是沙特的主要食物之一，沙特人将其视为"生命之源"，枣椰树溢出的汁液可饮用，树干可用作建筑材料，叶子可用来制作绳索、筐篮。千百年来，枣椰树养育了沙特人民，是沙特的国树，其形象也成为沙特国徽的重要元素。农作物方面，沙特主要种植小麦、大麦、玉米、高粱等，但由于水资源匮乏、全国可耕地不足，时至今日，沙特依旧依赖进口粮食。

沙特的动物资源具有多样性。沙丘猫是沙特常见的野生动物，沙丘猫是一种掠食性的猫科动物，也是唯一仅生活在沙漠的猫种，主要见于沙特西部。阿拉伯大羚羊是沙特最大的沙漠哺乳动物之一，阿拉伯大羚羊长有一身亮白皮毛，其亮白皮毛有助于反射太阳光。阿拉伯大羚羊曾一度濒临灭绝，沙特随即采取了保护行动。此外，沙特还有沙漠刺猬，沙漠刺猬体型较小，夜间猎食，白天藏匿于洞穴躲避高温。

---

[1] 王林. 全新投资法案推出，沙特矿业发展迎来新机遇 [N/OL]. 中国能源报，2020-11-13 [2021-03-23]. https://baijiahao.baidu.com/s?id=1683056018372098471&wfr=spider&for=pc.

第二节 国家制度

一、国家标志

沙特阿拉伯国名于 1932 年 9 月 24 日开始使用。国名中的"沙特"一词取自沙特阿拉伯王国创始人姓名阿卜杜勒-阿齐兹·本·阿卜杜-拉赫曼·本·费萨尔·沙特。他所建立的王国称为沙特王国。

沙特国旗为长方形，长宽比为 3：2，底色为绿色。国旗中间为用阿拉伯文书写的清真言，清真言下面是一把白色的阿拉伯剑，剑柄居右。国旗中的绿色象征和平，白色象征纯洁，出鞘的剑象征沙特的传统以及公正正义。[1]

沙特国歌最早由埃及作曲家阿卜杜·拉赫曼·赫推卜于 1945 年沙特国王访问埃及期间所作，后由沙特诗人穆罕默德·塔阿特填词。法赫德·本·阿卜杜·阿齐兹国王在位期间，责成沙特诗人易卜拉欣·哈法吉创作新的歌词，沙特作曲家、音乐家西拉吉·欧麦尔调整词曲。1984 年，该曲目在广播电视节目的开始和结束时播放，成为沙特现行的国歌。[2]

每年的 9 月 23 日是沙特的国庆节。当天，沙特城市街道的两侧会挂上国旗以示庆祝。街上会有专门的游行队伍，装饰花车会在城市穿行以宣传地方文化，沙特人民也会穿上传统服装来庆祝节日。

---

[1] 资料来源于沙特通讯社官网。

[2] 资料来源于沙特综合政务平台官网。

二、政体

国王是沙特的元首，行使最高行政权和司法权。国王有权任命、解散或改组大臣会议，有权立废王储，解散协商会议，有权批准和否决大臣会议决议及与外国签订的条约协议，指导制定国家的宏观政策，确保政府各部门之间的顺利合作。目前，沙特共经历七任国王的统治。现任国王是萨勒曼·本·阿卜杜勒·阿齐兹·阿勒沙特，一般称萨勒曼国王。

根据《大臣会议法》的规定，有关沙特内政、外交、财政、经济、教育、国防等一切公共事务（但宗教相关事务交予宗教学者，即乌里玛[1]负责）的政策，均由大臣会议制定。大臣会议通过的决议，经国王批准后，才能以国王敕令的形式发布或修订。国王敕令与国王命令有区别，国王敕令是在大臣会议决议的基础上颁布的，国王命令则独立于大臣会议由国王自行发布。

一旦规章制度经过国王的批准，大臣会议即负有将之贯彻落实的责任，大臣会议通过不同的下属机构管理国防、经济、医疗、教育等事务。各部大臣需要在各自职能范围内推动落实工作计划，并定期向大臣会议及国王汇报。各部门需要在每一财年最初的 90 日内向国王提交报告，概述上一财年的工作成绩、问题，并提出下一步的改进计划。

大臣会议就重要的内政外交政策向国王献言献计。但沙特的最高权力仍然掌握在国王手里。

大臣会议主席由国王兼任，大臣会议成员包括副主席、各部大臣、国务大臣、国王顾问，以及一些大型机构的领导。大臣会议成员按照出身可分为三类：一是王室成员；二是谢赫家族成员，即沙特的宗教统领家族；三是平民大臣，即凭借学历及政府工作经验实现晋升的现代"中产阶级"成员。王室成员掌握着大臣会议的关键职位，在国家核心政策的制定过程

---

[1] Ulema，在一些文献中写为 Ulama，译为"乌莱玛"。

中发挥重要作用。

根据 1992 年颁布的《协商会议法》，协商会议是政府的咨询机构，具体职责是对大臣会议主席提交协商会议讨论的国家大政方针发表意见，包括讨论经济、社会发展计划并提出意见；研究法律、条例、国际条约、协定、特许权，并提出意见；讨论各政府提交的年度报告并提出意见。协商会议通过的决议呈交国王供大臣会议研究，如大臣会议和协商会议意见一致，则相关决议经国王批准后生效；如出现分歧，由国王最终裁决。[1]

三、行政规划

（一）省级行政区

1992 年 3 月颁布的《地方组织法》将沙特划分为 13 个省区。人口主要分布在利雅得区、麦加区、东部区、阿西尔区、麦地那区。其余 8 个省区为盖西姆区、哈伊勒区、巴哈区、泰布克区、北部边境区、吉赞区、奈季兰区、焦夫区。[2] 省区下设一级县和二级县，县下设一级乡和二级乡，分别由各级行政长官治理。省区长官称作埃米尔，由内务部推荐，经国王任命生效。埃米尔掌握省区内部的行政、财政、司法权力，负责维护本地区的公共秩序和社会治安，执行司法条例，监督和检查各县和乡的官员，发展医疗、教育等公共事业，促进社会经济的进步，发展水利、交通、工业、农业、商业等。省区设立地方协商会议和市政委员会，地方协商会议和市政委员会行使资政的权力。[3]

---

[1] 资料来源于沙特协商会议官网。

[2] 中华人民共和国外交部. 沙特阿拉伯国家概况 [EB/OL]. [2022-11-30]. https://www.mfa.gov.cn/web/gjhdq_676201/gj_676203/yz_676205/1206_676860/1206x0_676862/.

[3] 王然. 当代沙特政治稳定研究 [D]. 上海：上海外国语大学，2018：81.

（二）主要城市

1. 首都

沙特的首都是利雅得。利雅得是一座典型的绿洲城市，被誉为最富裕的"沙中花园"。"利雅得"一词在阿拉伯语中意为"庭院"。在一望无际的鲁卜哈利沙漠中和哈尼法河谷平原上，这片绿洲已经存在了数万年。利雅得曾经仅是一座占地不到一平方千米的沙漠小城，自发现石油后，经过数十年的建设，现在已经发展成现代化国际大都市，也是阿拉伯世界最为著名的花园城市之一。

2. 圣城

沙特境内拥有两座伊斯兰教圣城：麦加和麦地那。麦加是伊斯兰教先知穆罕默德的诞生地，是全球穆斯林心中的第一圣城。它坐落于沙特西部，地势低、气温高、降水少。麦加拥有世界上最大的清真寺——麦加大清真寺，又名禁寺。每年约有二百多万人从世界各地赴麦加朝觐。

麦地那位于赛拉特山区的开阔平地，属于山区高原城市，穆罕默德的陵墓便在这里。麦地那市区整洁宽敞，建筑颇具规模，具有现代都市气息。麦地那伊斯兰大学颇负盛名，是一所重要的宗教教育机构，招收来自世界各地的穆斯林青年。

3. 夏都

塔伊夫位于麦加区的盖兹旺山上，夏季平均气温为20—32℃，冬季平均气温为10—22℃，是沙特的避暑胜地，适合夏天居住，因而被称为夏都。

塔伊夫附近水源丰沛、土地肥沃、物产丰富，是重要的农耕区，其生产的粮农作物除自给外，还供应麦加等周边城市。

4．外交之都

吉达位于麦加区，是全国第二大城市、第一大港以及重要的金融中心。吉达位于沙特西海岸的中部地区，全年大部分时间炎热潮湿。因为沙特外交部及许多外国领事馆驻地均在吉达，所以吉达被称为沙特的外交之都，开放程度和国际化程度较高。近年来引起高教界广泛关注的创新型大学——阿卜杜拉国王科技大学便建于此。

四、立法与司法

沙特的立法权主要由国王和大臣会议行使。大臣会议是沙特主要的立法机关。沙特的所有法律草案均需经过大臣会议审议，国王、王室高级成员、主要大臣提出修改意见，最后经国王批准后生效。沙特国王拥有很大的立法权，可以通过颁布国王敕令出台或废除法律。沙特所有法律都需要符合伊斯兰教法的规定。乌里玛在沙特享有很高的地位与很大的话语权，在沙特，乌里玛长老会议代表着伊斯兰教法的最高权威。

沙特没有颁布正式的成文宪法，虽然 1992 年沙特通过了《沙特阿拉伯王国治国基本法》(以下简称《基本法》)，确立了沙特政府治国的基本原则，规定了政府的权力和职责，但《基本法》不能完全等同于宪法。《基本法》分两大部分：一是说明政府的基本组织与结构；二是规定公民所享有的基本权利。《基本法》规定，国王必须遵守伊斯兰教法。

沙特成文法最常见的形式有国王敕令、国王命令、最高命令、大臣会议委员会决议、大臣会议决议和通知。所有成文法都应该遵守伊斯兰教法，法院有权解释成文法。除此之外，沙特在经济和投资方面还制定了多部法律，如《公司法》《外国投资法》《竞争法》《商标法》《专利法》等。

司法部和最高司法委员会负责沙特的司法事务。2007年，《司法制度及执行办法》和《申诉制度及执行办法》颁布，沙特建立起新的司法体系。沙特设立最高法院、上诉法院、普通法院等法院，建立刑事法庭、民事法庭等法庭，设立直属于国王的三级行政诉讼机构，即最高行政法庭、行政上诉法庭、行政法庭。最高法院院长由国王任命。[1]

五、国防与外交

沙特奉行防御性的国防政策，最高国防会议为国防最高决策机关，国王为武装部队最高统帅。沙特武装部队由正规军、国民卫队和准军事部队组成。正规军平时实行志愿兵役制，战时实行义务兵役制，一般兵种服役期为2年，特殊兵种服役期为3年。

沙特奉行独立自主的外交政策，坚持睦邻友好、不干涉别国内政、不结盟等外交原则。在外交战略方面，重视发展同阿拉伯国家、伊斯兰国家的关系，致力于推进阿拉伯世界的团结和海湾阿拉伯国家合作委员会的一体化建设，积极参与地区事务；重视发展同美国的关系，加强同欧盟、俄罗斯、中国、日本等组织和国家的关系。

在与美国关系方面，沙特和美国虽然政体截然不同，一是伊斯兰君主制国家，另一是宪政共和国，但两国为盟友关系。美国是沙特最大的贸易伙伴，沙特是美国最大的石油供应方。[2] 2001年，沙美关系跌入低谷。

---

[1] 资料来源于沙特司法部官网。

[2] 陈万里，李顺. 海合会国家与美国的安全合作 [J]. 阿拉伯世界研究，2010（5）：19-26.

2017 年 5 月，美国总统唐纳德·特朗普访问沙特。此后，沙美就能源安全、双边关系、中东地区局部冲突等问题进行了会谈，双方一致表示延续双边战略伙伴关系具有重要意义。

在与英国关系方面，沙特与英国在商品供应、投资、军事方面有诸多合作。1999 年 2 月，沙英商会成立。2000 年 6 月，沙英投资论坛在伦敦举行。2001 年 6 月，沙特外交大臣访问英国。英国脱欧后，寻求与沙特开展经济合作的机会。

在与中国关系方面，1990 年 7 月 21 日，沙特与中国正式建立外交关系。2008 年 6 月，两国建立战略性友好关系。2016 年，两国建立全面战略伙伴关系，决定成立中国-沙特高级别联合委员会。

第三节 社会生活

一、经济

沙特的经济规模居阿拉伯国家之首。沙特是世界上最大的石油出口国和第二大石油生产国，其石油储备量居全球第二，天然气储量居世界第八。2020 年，在新冠肺炎疫情的影响下，沙特经济遭受重创。[1] 2021 年，沙特经济有所回升，国内生产总值增长率为 3.2%，国内生产总值达 8 335 亿美元，人均国内生产总值达 2.35 万美元。[2]

石油和石化工业是沙特的经济命脉，石油收入占国家财政收入的 70%

---

[1] 资料来源于世界银行官网。

[2] 中华人民共和国外交部. 沙特阿拉伯国家概况 [EB/OL]. [2022-11-30]. https://www.mfa.gov.cn/web/gjhdq_676201/gj_676203/yz_676860/1206_676860/1206x0_676862/.

以上，占国内生产总值的 31%。[1] 石油是沙特的主导性产业，因此，沙特的经济情况长期随着国际石油价格的变化而变化，抗风险能力较差。国内财政收入高度依赖石油产业而非制造业等生产性产业，同时，沙特政府将财政收入主要用于社会福利而非投入到再生产中，这导致国家产业发展高度不均衡。为此，2016 年，沙特经济和发展事务理事会提出了"沙特阿拉伯2030 年愿景"（以下简称"2030 年愿景"），旨在减轻沙特经济发展对石油产业的依赖，实现沙特产业多元化和经济转型升级。

（一）农业

受自然条件的约束，沙特农业增加值仅占国内生产总值的 2.6%。据联合国粮农组织统计，2016 年，沙特可耕地面积约 350 万公顷，只占全国土地面积的 1.6%。耕地集中分布在降水量较充沛的西南部。尽管沙特在农业生产上不具有优势，但仍然有所产出，主要农产品有小麦、水稻、玉米、椰枣、柑橘、葡萄、石榴等。不过，沙特的谷物自给率仅约为 20%，需要依赖大量的进口才能满足国内的需求。[2]

（二）工业

石油和石化工业是沙特的经济命脉。2019 年，沙特石油石化产业生产总值为 2 470 亿美元，占国内生产总值的 31%，沙特具备日产 1 201 万桶石油的生产能力，且这一产能可以继续保持 50 年左右。为应对新冠肺炎疫情对原油市场的冲击，2020 年 4 月，沙特与石油输出国组织达成史上最大限

---

[1] 环球印象投资分析沙特阿拉伯事业部. 2022 年沙特阿拉伯经济概况分析 [EB/OL]. [2023-07-29]. http://www.zcqtz.com/news/284772.html.

[2] 资料来源于联合国粮农组织官网。

产协定，2020 年 5 月，沙特原油产量调整至约 750 万桶 / 日。近年来，沙特国内的天然气消耗量呈逐年增长态势，2012—2020 年，沙特国内天然气消耗量年均增长 8.6%。[1]

沙特主要的石油与天然气公司是沙特阿拉伯国家石油公司（以下简称沙特阿美），该企业为沙特贡献了 85% 的税收，在沙特经济中发挥着举足轻重的作用。[2] 沙特阿美成立于 1933 年，早期为美国与沙特合资公司，后被沙特国有化。作为全球石油巨头，沙特阿美拥有远超其他国际石油巨头的油气资源和更低的生产成本。

在海水淡化工业方面，沙特走在世界前列，被誉为世界第一海水淡化工业国。沙特全国降水量少，地下水资源匮乏。为满足日常生活用水及农业灌溉，自 20 世纪 60 年代开始，沙特大力发展海水淡化工业，使用化学方法分离海水中的盐分，从而获得淡水。目前，沙特 70% 的淡水资源来自海水淡化，其海水淡化产能约占全球的 20%。[3] 沙特的海水淡化工厂向国内沿海城市和人口稠密但饮用水短缺的内陆地区供水。此外，沙特也积极利用淡化海水发展灌溉农业。

（三）旅游业

沙特旅游业以宗教朝觐旅游为主。沙特坐拥伊斯兰教两大圣城——麦加和麦地那，每年吸引着全球各地的伊斯兰信徒来此朝觐。2019 年，为摆脱国家经济对石油资源的依赖，沙特宣布开放旅游业，向 49 个国家首次开

---

[1] 商务部国际贸易经济合作研究院，中国驻沙特阿拉伯王国大使馆经济商务处，商务部对外投资和经济合作司. 对外投资合作国别（地区）指南·沙特阿拉伯（2020 年版）[EB/OL]. [2021-10-13]. http://www.mofcom.gov.cn/dl/gbdqzn/upload/shatealabo.pdf.

[2] 王大勤. 成立 87 年的神秘公司，年利润 3190 亿，为国家贡献 85% 的税收 [EB/OL]. [2023-07-29]. https://cj.sina.com.cn/articles/view/2120840337/7e69749102000rsad.

[3] 前瞻产业研究院. 2018 年全球海水淡化产业竞争格局分析 沙特产能居世界首位 [EB/OL]. [2023-07-29]. https://huanbao.bjx.com.cn/news/20180615/906331.shtml.

放旅游签证。根据世界旅游业理事会的年度报告，2019 年，沙特的旅游业增长 14%，占全国经济总量的 9.5%。旅游业提供了近 150 万个就业岗位，占全国就业总量的 11.2%。[1]

沙特具有多样的自然风光和文化遗产，旅游资源丰富。据沙特旅游和民族遗迹委员会的数据，全国已有 1 200 多处自然、历史、文化遗产被电子归档。[2]

（四）金融业

沙特的货币为沙特里亚尔（以下简称里亚尔），与美元保持固定汇率，1 美元兑换 3.75 里亚尔。2016 年，人民币与里亚尔实现了直接兑换结算。根据 2023 年年中的汇率，1 里亚尔约折合 1.9 元人民币。沙特没有关于外汇管理的具体法律，对于居民和非居民的收入和付款都没有外汇管制，但是沙特中央银行采取措施控制货币的数量和流通。在外资银行的政策方面，沙特金融监管环境严格，主要体现为数据不能出境，银行实质业务不能外包和关键岗位必须由沙特本国人担任等方面。

在支付方式方面，国际通用的信用卡都可以在沙特使用，其中包括中国各大银行发行的各类国际通用信用卡，中国银联也已进入沙特市场。万事达卡、VISA 卡、美国运通卡也可在沙特使用。许多商家还接受数字支付方式。

沙特中央银行负责管理各金融机构，原名为沙特货币总署，2020 年11 月 24 日更名。更名后的沙特中央银行在保持金融和行政独立性的同时，完全取代原沙特货币总署的职能，直接向国王负责。沙特中央银行负责制定和实施货币政策。机构虽然更名，但仍然保留原缩写 SAMA，以纪念沙

---

[1] 资料来源于世界旅游组织官网。

[2] 陈沫. 沙特阿拉伯 [M]. 北京：社会科学文献出版社，2011：230.

特货币总署的历史重要性。

截至 2020 年 3 月末，沙特境内共有 30 家商业银行，包括 13 家沙特银行和 17 家外资银行分行。2015 年 6 月，中国工商银行在沙特首都利雅得设立分行，持有商业银行全牌照，目前主要开展批发业务，产品包括存款、贷款、汇款、保函、清算、信用证、金融市场等。[1] 成立于 1953 年的沙特国家商业银行是沙特最大的国有银行，也是伊斯兰世界银行业的先驱。沙特国家商业银行总部位于吉达，拥有八千余名员工，近 400 个分支机构，客户超过 500 万。桑巴金融集团原名为沙特美国银行，1980 年 2 月 12 日，沙特政府接管花旗银行在沙特的 10 个分支机构并组建了沙特美国银行。2003年，正式更为现名。桑巴金融集团在全国拥有 66 家分支机构。据《利雅得报》和《经济报》的报道，沙特国家商业银行和沙特桑巴金融集团于 2020年 10 月 11 日签署了一项合并协议，两家银行将按照协议合并成国家商业银行新行。新行将成为沙特资产、资本、贷款、存款最多和市值最高的银行，以及中东地区净收入最高的银行。[2]

二、人口、民族与风俗

截至 2020 年年底，沙特人口总数为 3 481 万，其中沙特籍人口约2 150 万，外籍人口约 1 331 万，人口增长率为 1.6%。整体上，沙特男性人数为女性人数的 1.3 倍，在 25—54 岁这个年龄段，男性人数是女性的1.59 倍。沙特的人口结构偏年轻，15—54 岁人群占比超过 65%，年龄中位

---

[1] 商务部国际贸易经济合作研究院，中国驻沙特阿拉伯王国大使馆经济商务处，商务部对外投资和经济合作司. 对外投资合作国别（地区）指南·沙特阿拉伯（2020 年版）[EB/OL]. [2021-10-20]. http://www.mofcom.gov.cn/dl/gbdqzn/upload/shatealabo.pdf.

[2] 中华人民共和国驻吉达总领事馆经济商务处. 沙特国家商业银行和沙特美国银行集团将合并为沙特最大行 [EB/OL]. [2020-10-14] http://www.mofcom.gov.cn/article/i/jyjl/k/202010/20201003007847.shtml.

数仅为 29.9 岁，男性年龄中位数为 32.1 岁，女性年龄中位数为 27.2 岁。然而沙特国民多习惯高福利、高补贴的生活，这影响了沙特的人才储备和创新能力。为了解决本国劳动力不足的问题，沙特政府大量引进外籍劳动力，外籍劳工逐渐成为高级技术人员、管理人员及生产工人的主力。据沙特统计总局 2019 年 12 月 26 日发布的数据，以参加社保的制造业劳动者为统计对象，2019 年第 3 季度沙特劳动者约为 83 万人，其中沙特本国国民仅约 19 万人（占 23.2%），外国劳动者约 64 万人（占 76.8%）。[1]

沙特有华裔华侨 15 万—18 万人，主要居住在西部的塔伊夫、吉达、麦加等地。在沙特的华裔华侨中，绝大多数为维吾尔族，其次为回族，还有少量的乌孜别克族、柯尔克孜族、哈萨克族等。[2] 在沙特境内的华裔华侨以个体经商、从事服务业为主，少数人在沙特政府部门、商会、学校、企业等机构任职。

（一）民族、宗教与语言

沙特的主体民族是阿拉伯族，另有少数非裔、印度裔等。伊斯兰教是沙特的国教。在沙特，逊尼派穆斯林占 85%，分布在全国各地，什叶派穆斯林占 15%，主要居住在东部地区。逊尼派的瓦哈比思想是沙特的主导意识形态。[3]

沙特官方语言为阿拉伯语，部分人可以使用英语。到沙特从事石油行业相关工作的大量外来人口能比较熟练地使用英语。

---

[1] 资料来源于世界银行官网。

[2] 冀开运. 中东华侨华人若干问题研究 [J]. 中东问题研究，2015（1）：139-173+262.

[3] 中华人民共和国驻沙特阿拉伯王国大使馆. 沙特阿拉伯国家概况 [EB/OL]. [2023-06-26]. http://sa.china-embassy.gov.cn/stgk/201904/t20190417_1693053.htm.

（二）民俗

沙特人民热情好客，从他们见面的问候语中便可略知一二。沙特人即使与生人初次见面，也会主动跟对方问好："色俩目"（Salam，直译是"和平降于你"，意为"你好"）。双方握手致意后，还会相互寒暄"您身体好吗？"等客套话，大多数沙特人会以"感谢真主，我很好"来回答。异性之间见面，一般只行握手礼。男女握手时，男士不可以主动向女士伸手致意，女士先伸手，男士方可握手，且在握手的时候，男士必须从座位上站起来，只握女士的指尖，点到即可。沙特人认为右手是洁净之手，握手时只能用右手。

在沙特拜访朋友时，可带些糖果、工艺品等小礼品，不能送酒类、女性的相片或塑像等。如果同行妻子也受邀，男女大多分开就座，妻子与其他妇女一起进餐。到他人家里做客时，要接受主人奉上的第一杯咖啡，以示对主人的答谢。接受主人递奉的食品时，只能用右手。用餐后，盘子里要剩一点没有触碰过的饭食。

三、医疗卫生

沙特基础医疗系统完善，对本国公民实行免费医疗。外籍人士只能到私立医院就医，医疗费用昂贵。沙特大中型城市均有24小时药店，可凭医疗保险卡和医生处方购买处方类药品，也可以自费购买非处方药品。沙特药品多为欧美进口，价格偏高。沙特政府规定，企业雇用外籍员工时须为雇员交纳医疗保险。沙特医疗保健支出规模逐年扩大，年复合增长率约为5%。2015年医疗保健支出总额约为1 410亿里亚尔，2018年增长至1 500亿里亚尔，平均每人11 345里亚尔。预计到2025年沙特医疗保健支出将达到

2 500 亿里亚尔。[1]

新冠肺炎疫情期间，中沙两国加强医疗卫生领域的合作，中国曾派出医疗专家组到访沙特交流疫情防控和病患救治经验。2020 年 4 月 26 日，两国签署了一项价值 2.65 亿美元的新冠病毒核酸检测合作协议，中方公司在沙特建立数个专业实验室，检测量覆盖沙特近 30% 的人口。[2]

四、传媒

沙特全国发行数十种报纸、上百种杂志。其中，阿拉伯文报纸主要有《利雅得报》《生活报》《国家报》《欧卡兹报》等，英文报刊主要有《沙特公报》《沙特经济概览》等。沙特通讯社是沙特官方通讯社，成立于 1971 年，直接受文化新闻部领导，用阿拉伯语、英语、法语发布新闻通讯。沙特通讯社设有 4 个国内分社。此外，也在波恩、开罗、巴黎、伦敦、突尼斯城、华盛顿设有国际分社。吉达广播电台、利雅得广播电台、《古兰经》广播电台是最大的 3 家电台。1964 年，沙特建立电视网；1965 年，开始播放黑白电视节目；1976 年，开始播映彩色节目。[3] 目前全国共有 107 个信号中转站，电视网已覆盖全国 98% 的地区。[4]

当地主流媒体总体上对华持友好态度，对中国的重大活动给予正面报道，积极评价稳定发展的两国关系，肯定中国经济发展成就和中国在国际

[1] 中华人民共和国驻沙特阿拉伯使馆经商处. 沙特医疗保健市场前景广阔 [EB/OL]. [2020-02-11]. http://www.mofcom.gov.cn/article/i/jshz/rlzykf/202002/20200202938986.shtml.

[2] 中华人民共和国驻沙特阿拉伯王国大使馆经济商务处. 沙特与中国签署价值 2.65 亿美元新冠病毒核酸检测合同 [EB/OL]. [2022-11-30]. http://sa.mofcom.gov.cn/article/i/202005/20200502962326.shtml.

[3] 中华人民共和国外交部. 沙特阿拉伯国家概况 [EB/OL]. [2023-07-29]. https://www.mfa.gov.cn/web/gjhdq_676201/gj_676203/yz_676205/1206_676860/1206x0_676862/.

[4] 新华网. 沙特阿拉伯王国概况 [EB/OL]. [2023-07-29]. http://news.cnr.cn/special/zd2016/lmt/20160116/t20160116_521153107_5.shtml.

事务中的积极作用，正面评价"一带一路"倡议与本国"2030 年愿景"的对接关系。同时，关于中国经济发展现状、中资企业参与沙特经济建设情况等内容也时有报道。

第二章 文化传统

第一节 历史沿革

沙特是一个由王室家族统治的王国，阿拉伯历史上的汉志和内志[1]地区，大约在今天沙特的西部沿海一带，系伊斯兰教的发祥地。作为政教合一的国家，沙特的历史脉络、文化传统与伊斯兰世界的宗教文明息息相关。

一、游牧民族孕育的信仰

公元前8世纪，阿拉伯半岛就有类似早期部落联盟的国家出现。公元前115年左右，希木叶尔人统一了阿拉伯半岛南部的广大地区。6世纪中叶，埃塞俄比亚人占领阿拉伯半岛南部地区。7世纪左右，阿拉伯半岛仍处于部落发展阶段，没有形成一个稳定的政治实体，该地区因抢夺商道和水源而纷争不断，频繁的战争导致人口锐减。

伊斯兰教先知穆罕默德出生于麦加古莱什部落哈希姆家族。穆罕默德起初在麦加传教，622年，穆罕默德和他的弟子离开麦加前往麦地那传教。

---

[1] 汉志（Hejaz）和内志（Nejd），阿拉伯半岛人文地理名称的音译。

在麦地那贵族的支持下，穆罕默德领导推行了一系列改革，制定了《麦地那宪章》。阿拉伯社会从零星的部落开始转化成一个统一强大的政治实体。

632 年，穆罕默德逝世。由于穆罕默德生前没有指定继承人，各方势力围绕继承人问题展开争夺，最终阿布·伯克尔掌握大权，出任哈里发，意为继承人或代理人。自此，阿拉伯世界进入了四大哈里发时期。

二、伊斯兰大旗下崛起的帝国

第一任哈里发阿布·伯克尔在主政时期（632—634 年）巩固了麦地那的伊斯兰政权，实现了整个阿拉伯半岛的伊斯兰化。第二任哈里发欧麦尔·伊本·哈塔卜继续执行前任哈里发的路线，他在主政时期（634—644 年）极大地拓展了阿拉伯帝国的疆土和伊斯兰教的影响力。644 年，奥斯曼·本·阿凡登继任为第三任哈里发，在执政期间（644—656 年），奥斯曼重建先知寺，创建海军，巩固了国家发展。656 年，阿里·伊本·艾比·塔里布被推选为第四任哈里发，在其执政期间，各派权争激烈。公元661 年，阿里去世后，穆阿维叶自称哈里发，将哈里发改为世袭制度。自此，阿拉伯历史上的四大哈里发时期结束，世袭的帝国制度形成。

穆阿维叶开启了伊斯兰世界的倭马亚王朝（又称伍麦叶王朝）。750 年，阿拉伯帝国进入阿拔斯王朝时期，阿拔斯王朝时期是阿拉伯文明的黄金时代，商业、文化、艺术、宗教都快速发展，并对后世产生了重要影响。在阿拉伯帝国时期，众多伊斯兰学者聚集在麦加和麦地那研习伊斯兰教法，麦加和麦地那成为伊斯兰世界最有名的宗教思想中心之一。[1] 这为沙特在伊斯兰世界独特而重要的地位奠定了基础。

---

[1] 陈沫. 沙特阿拉伯 [M]. 北京：社会科学出版社，2011：34-36.

三、旧世界余晖下的新沙特王国

16 世纪，奥斯曼帝国一度占领了汉志等地，但奥斯曼帝国的统治始终未能渗透到阿拉伯半岛腹地，因此，大家族势力得以在阿拉伯各地区兴起。到 18 世纪，阿拉伯半岛虽然名义上隶属奥斯曼帝国，但逐渐回到了氏族部落的状态，以各自的家族血亲分出家族统治区来实行统治。[1] 这种统治模式之下，社会矛盾逐渐突出，后来影响沙特建国的瓦哈比宗教运动在这一时期兴起。1744 年前后，穆罕默德·伊本·阿卜杜·瓦哈卜来到德拉伊耶，结识了当地酋长穆罕默德·伊本·沙特。酋长与瓦哈卜达成共识，签订了协议，组成宗教和政治同盟。自此，第一沙特王国成立。

第一沙特王国力图扩大在阿拉伯半岛的控制范围。在第三位国王沙特·本·阿卜杜勒·阿齐兹（史称"大沙特"）统治时期，第一沙特王国逐渐统一了大半个阿拉伯半岛，瓦哈比派也到达了发展巅峰。第一沙特王国的扩张引起了奥斯曼帝国的恐慌。1818 年，第一沙特王国的第四任国王阿卜杜勒·本·沙特被杀，第一沙特王国覆灭。1824 年，"大沙特"的堂弟图尔基·本·阿卜杜拉·本·穆罕默德建立第二沙特王国。1834 年，图尔基在家族内乱中被刺身亡，他的儿子费萨尔·本·图尔基继任。费萨尔死后，权力真空进一步导致家族内乱，第二沙特王国覆灭。

费萨尔的孙子阿卜杜拉·阿齐兹·伊本·沙特出生于 1880 年，随着第二沙特王国覆灭，伊本·沙特随父亲开始了流亡生活。1900 年，伊本·沙特接替了父亲的酋长之位。伊本·沙特受到了沙特王国遗民的欢迎，成功恢复了沙特家族的统治。1925 年，沙特军队攻下汉志，汉志随后被并入内志。1926 年，伊本·沙特被拥戴为汉志、内志及归属地国王。[2] 1932 年

---

[1] 李丽. 沙特阿拉伯：中东丝路上的绿洲 [M]. 北京：北京联合出版公司，2016：40-41.

[2] 王铁铮，林松业. 中东国家通史·沙特阿拉伯卷 [M]. 北京：商务印书馆，2000：114.

9月23日，伊本·沙特建立现代沙特阿拉伯王国，定都利雅得。沙特从此走向了新的历史阶段。

四、现代沙特的建立

1934年，沙特和也门达成停战条约，互相承认独立主权，吉赞、奈季兰、阿西尔划入沙特版图。1953年，伊本·沙特国王因病逝世，其长子沙特·本·阿卜杜勒·阿齐兹继位。1964年，沙特·本·阿卜杜勒·阿齐兹退位，其弟费萨尔·本·阿卜杜勒·阿齐兹就任沙特第三任国王。费萨尔国王执政11年，推行了一系列影响深远的改革，包括政治和行政体系改革、完善司法制度、实施国民经济五年发展计划、推行石油国有化运动。[1] 费萨尔国王的执政极大提升了沙特的国民经济水平和国际影响力，有学者因此称其为"沙特最具影响力的人物"。[2]

1975年，费萨尔国王逝世，其弟哈立德·本·阿卜杜勒·阿齐兹就任沙特第四任国王。这一时期，沙特将石油工业作为第二个五年发展计划的重心，实现了石油经济的大繁荣。在雄厚财力的推动下，沙特加大了对文教事业的支持力度，成立了高等教育部，大力扶持高等教育事业，培养高级人才，并加大专业技术人才在政府内阁中的比例。哈立德国王积极拓展外交关系，加强与西方国家的合作往来，重视阿拉伯国家的合作。1981年，海湾六国联合成立海湾阿拉伯国家合作委员会，总部秘书处设在利雅得。这是阿拉伯世界最为重要的国际组织之一，哈立德国王是主要推动者。[3]

1982年，哈立德国王因病辞世，其弟法赫德·本·阿卜杜勒·阿齐

---

[1] 陈沫. 沙特阿拉伯 [M]. 北京：社会科学出版社，2011：64-67.

[2] VASSILIEV A. King Faisal: personality, faith and times[M]. London: Saqi Books, 2016: 1.

[3] 资料来源于沙特阿拉伯驻美国大使馆官网。

兹·阿勒沙特继任沙特第五任国王。他任国王长达 23 年，是现代沙特成立以来任期最长的君主。在法赫德国王任期内，沙特与中国建立了外交关系。法赫德国王的治国政策主要包括：制定可行计划，促进国民经济持续健康发展；实施高福利政策，缓和社会矛盾，沙特高福利的教育制度特征便成型于这一时期；在巩固伊斯兰教教义和王权的前提下，推行政治改革。[1] 2005 年，沙特首次举行地方选举，地方委员会一半议员仍由政府任命，另一半由选民选出，这是沙特在民主改革道路上走出的重要一步。[2]

2005 年，法赫德国王逝世，其弟阿卜杜拉·本·阿卜杜勒·阿齐兹继任沙特第六任国王。2006 年，阿卜杜拉国王对中国进行国事访问，这是阿卜杜拉国王继位以来的首次出访，阿卜杜拉国王积极推动国家经济转型发展，兴建了一批高校、医院、研究中心、体育场，设立了海外奖学金和翻译奖，如阿卜杜拉国王科技大学、阿卜杜拉国王国际医学研究中心、阿卜杜拉国王国际翻译奖等，极大提高了人民福祉、促进了人文交流。阿卜杜拉国王还首次将女性纳入伊斯兰民主协商机构——舒拉会议，赋予女性选举权和被选举权。[3] 这些举措极大推动了沙特的现代化进程。

2015 年，阿卜杜拉国王逝世，其弟萨勒曼·本·阿卜杜勒·阿齐兹·阿勒沙特继任沙特第七任国王。2016 年，萨勒曼国王领导下的沙特政府发布"2030 年愿景"，全面勾勒了国家发展的蓝图。经济多元化、宗教温和化、社会世俗化、政治集权化成为沙特主要的发展方向。[4]

---

[1] 王铁铮，林松业. 中东国家通史·沙特阿拉伯卷 [M]. 北京：商务印书馆，2000：253-256.

[2] ANDRZEJ K. Saudi Arabia: steps toward democratization or reconfiguration of authoritarianism? [J]. Journal of African and Asian Studies. 2006, 41(5-6): 459-482.

[3] 资料来源于阿卜杜拉·本·阿卜杜勒·阿齐兹传记和文献中心官网。

[4] 刘中民，刘雪洁. 萨勒曼执政以来沙特的国家转型及其困境 [J]. 西亚非洲，2020，274（5）：59-81.

第二节　风土人情

沙特的国教是伊斯兰教，其风土人情深受伊斯兰教的影响。

一、饮食

沙特人的饮食习惯严格遵守伊斯兰宗教规范。他们所食的肉类都必须是由穆斯林或有经人以安拉之名屠宰的食草性动物。所食鱼类也不能以击打或横断的方式处理，否则也被视为不洁之物。此外，酒、毒品也属于禁止之列。

在沙特的传统饮食中，没有炒食、蒸食的烹饪习惯，沙特人主要用烧烤的方式烹饪。在沙特，米饭不是搭配炒菜一起吃，而是与黄油、葡萄干、烤肉等食材一起拌着吃。沙特的早餐一般为一块夹着奶酪的大饼，外搭牛奶、羊奶、红茶或咖啡。沙特人极为重视午餐，午餐的主食是发酵大饼，配上鲜西红柿丁、生洋葱、辣椒、青豆、烤肉等食物。沙特人的晚餐较清爽，他们通常食用三明治、汤羹等。

沙特的特色菜肴有烤肉串、烤鱼、烤全羊等。沙特人习惯用右手抓食。沙特人酷爱的饮料有红茶和咖啡。[1]

二、服饰

沙特认为男性需要展现出阳刚之气，其着装可以裸露出一些身体部位。但沙特女性的着装要求十分严格和保守，沙特女性不能随意穿着，衣服必

---

[1] 王德新. 阿拉伯文化选读 [M]. 北京：北京大学出版社，2012：187.

须遮住全身，只能露出眼睛和手，不允许女扮男装。[1] 由于沙特常年干燥少雨、日照充足，为防止晒伤，沙特人的衣服需要做到包裹全身且轻薄透气。

具体来说，沙特男子大多穿白色的长袖长袍或东方敞袍，内穿长袖衬衫，头顶白纱巾，或者是红格头巾，脚着凉拖鞋。[2] 沙特的一些男子也在公务场合穿西服，打领带。妇女多穿黑色长袍，戴黑头巾，中上层妇女有条件和权利穿着用彩色丝线或金银线绣花装饰的长衫。[3]

三、建筑

沙特的建筑在传承民族传统建筑的同时，借鉴吸收了其他民族的建筑艺术精华，呈现出独特的风格特点，[4] 同时，伴随着全球化的进程，沙特也修建了一些现代建筑，以满足城市生活的需求。

作为全民信仰伊斯兰教的国家，沙特的清真寺随处可见，清真寺成为沙特最有代表性的建筑形式之一。经过历代统治者的修缮、扩建或改建，沙特的清真寺建筑逐渐从简朴走向壮观，形成有柱廊、尖塔、圆顶、讲坛、礼拜大厅、大院的完整结构形式。[5]

位于首都利雅得市中心的王国大厦是沙特现代建筑的代表。这座摩天大楼高达 311 米，耗资 20 亿里亚尔，在黄色的沙漠和周围低矮建筑的映衬下风采非凡。王国大厦的中间层有一个圆拱形的空洞，空洞能够减少风沙对建筑的磨损程度，使其适应当地的热带沙漠气候。王国大厦因其兼顾美观与实用的设计而获得全世界建筑业的称赞。

---

[1] 周小睿. 传统阿拉伯服饰的类型及特点 [J]. 产业与科技论坛，2018，17（6）：141-142.
[2] 王德新. 阿拉伯文化选读 [M]. 北京：北京大学出版社，2012：187.
[3] 陈沫. 沙特阿拉伯 M]. 北京：社会科学文献出版社，2011：18.
[4] 王德新. 阿拉伯文化选读 [M]. 北京：北京大学出版社，2012：166.
[5] 陈永根. 清真寺建筑形制中的功能性因素探究 [J]. 阿拉伯世界研究，2009（1）：29-35.

在王国大厦建成后，沙特人多了一个休闲的好去处。王国大厦占地94 230 平方米，总建筑面积 30 万平方米，为沙特人提供了豪华的酒店、商场、商务中心、宴会厅、俱乐部等服务设施。[1] 王国大厦是沙特与其他国家交流学习的成果，其独特的设计与承载的丰富功能体现了沙特建筑现代性的一面。

四、音乐与舞蹈

沙特的音乐和舞蹈历史悠久，体现着伊斯兰艺术的特征。

（一）音乐艺术

阿拉伯音乐在世界音乐史上有着重要地位，与欧洲音乐、印度音乐并称为世界最有影响力的三大音乐体系，与中国音乐、印度音乐、南洋音乐、日本音乐并称为东方五大音乐体系。[2] 沙特音乐源于阿拉伯半岛的原始音乐，最初与游牧民族的生活息息相关，后来逐渐衍生出反映其他日常活动的歌曲，如祭祀调、征战歌、哭丧曲等。[3] 同时，阿拉伯半岛的音乐文化也是许多现代乐器和音乐形态的发源地，这一地区的音乐大致可分为古典音乐、民俗音乐、宗教音乐三种。早在前伊斯兰时期，阿拉伯半岛地区就有米兹哈尔、吉朗、柏尔布德等弦鸣乐器、气鸣乐器、膜鸣乐器，以及匈鸠、吉拉吉等体鸣乐器。乌德是伊斯兰音乐中最有代表性的乐器。[4]

沙特音乐艺术的特色主要体现在它的节奏与旋律分为不同的系统，是

---

[1] 李丽. 沙特阿拉伯：中东丝路上的绿洲 [M]. 北京：北京联合出版公司，2016：116-117.

[2] 韩璐. 伊斯兰音乐与欧洲音乐的交流 [J]. 艺术科技，2018，31（2）：85.

[3] 王德新. 阿拉伯文化选读 [M]. 北京：北京大学出版社，2012：153.

[4] 李丽. 沙特阿拉伯：中东丝路上的绿洲 [M]. 北京：北京联合出版公司，2016：164.

一种没有和音的单音音乐。正式表演时，演奏者围绕着单线主旋律展开各种伴奏。这种音乐的演唱方式以小型合奏团演奏为主，一位歌手与数位乐器手交替表演，歌手或乐器手负责引导旋律，节奏则由框架鼓、钹等打击乐器负责。歌词通常反映日常生活或歌颂伊斯兰教先知穆罕默德。[1]

（二）舞蹈艺术

沙特的舞蹈常见于民间节日庆典、文娱活动中，用以在特殊场合烘托氛围。在公开场合，舞蹈多由男子表演，动作简单，节奏感强，用以体现阿拉伯民族勇敢无畏的精神。在沙特人的婚礼当夜，妇女们会围绕着新娘，一边挥舞手帕和扇子跳舞，一边唱着祝贺婚礼的歌曲。[2]

此外，沙特的阿尔达被列入《人类非物质文化遗产代表作名录》。阿尔达是一种结合了舞蹈、鼓乐和诗歌吟诵的传统文化表达方式，主要在学校、剧团、街区等处传承。表演时，一位诗人吟诵诗句，其他表演者举着剑，一边唱歌一边击鼓。阿尔达通常由男人表演，由女人设计服装，不论年龄、阶层均可参加，因而这一活动有助于增强社会凝聚力。[3]

五、主要节日

（一）开斋节

伊历九月为斋月，十月一日为开斋节。在这天，穆斯林会身着新装聚

---

[1] 李丽. 沙特阿拉伯：中东丝路上的绿洲 [M]. 北京：北京联合出版公司，2016：165.

[2] 李丽. 沙特阿拉伯：中东丝路上的绿洲 [M]. 北京：北京联合出版公司，2016：167.

[3] 资料来源于联合国教科文组织官网。

集到清真寺作节日会礼。礼拜毕，大家要聆听伊玛姆宣讲。听完宣讲，人们相互庆贺、祝福，然后走亲访友、出外游玩等。准备糖果糕点是沙特等阿拉伯国家庆祝开斋节的传统习俗。阿拉伯人认为，香甜美味又好看的糖果糕点不仅蕴含着对节日到来的祝福，也是馈赠亲朋好友的最佳礼品。

（二）宰牲节

伊历十二月十日为宰牲节。每逢此日，穆斯林根据条件宰杀牛、羊或骆驼献祭，若节日当天无法宰牲，可推迟至次日或第三天。所宰之肉分三份，一份济贫施舍、一份赠送亲友、一份留给自己。穆斯林认为宰牲可以坚定信仰，怀念伊斯兰教先驱易卜拉欣，加强亲朋之间的来往，促进穆斯林之间的团结，培养人们济贫扶危、乐善好施的美德。[1]

（三）圣纪节

伊历三月十二日为圣纪节，这一天是穆斯林纪念伊斯兰先知穆罕默德诞辰的日子，穆斯林会在这一天前往清真寺诵经祷告，歌颂怀念穆罕默德的生平事迹。穆斯林在圣纪当天家家设宴聚餐。

六、婚丧习俗

根据传统，沙特允许一夫多妻。结婚前多由父亲替儿子求婚，母亲向儿子形容女方的容貌，有的地方则允许男女在婚前简单见面。沙特部分地

---

[1] 资料来源于沙特综合政务平台官网。

区还保留着嫡堂通婚的习俗，这些地区婚龄普遍较小。随着社会发展，沙特城市的婚恋习俗已开始改变，变得更加自由，女子可以不戴面纱同男人交际，男方可以直接向女方求婚，更多人选择一夫一妻制。

在穆斯林看来，真主面前人人平等，死亡是回归真主。伊斯兰教提倡薄葬，主张丧事从简。伊斯兰葬礼的特点主要是净身、速葬、薄葬等。[1]

七、世界文化遗产

截至 2021 年，沙特共有 6 处世界文化遗产，分别是玛甸沙勒的石谷考古遗址、德拉伊耶的阿图赖夫区、吉达古城、哈伊勒区的岩石艺术区、哈萨绿洲、奈季兰的希马岩画。[2]

（一）玛甸沙勒的石谷考古遗址

石谷考古遗址是沙特第一处被列入《世界遗产名录》的遗址，此前被称作黑格拉，是纳巴泰文明所保留下来的最大一处遗迹。它位于沙特西北部，属于麦地那区管辖之地。遗址现存可追溯至公元前 1 世纪到公元 1 世纪的巨大坟墓，坟墓保存完好，外围装饰精美。石谷考古遗址共有 111 座巨大坟墓，其中 94 座有原始阿拉伯风情的雕饰，此外，该遗址内还有约 50 处前纳巴泰文明时期的铭文和洞穴岩画，彰显了这一历史时期灿烂的文明。[3]

---

[1] 资料来源于阿拉伯百科全书官网。

[2] 资料来源于联合国教科文组织官网。

[3] 文博在线. 石谷考古遗址 [EB/OL]. [2021-08-30]. http://www.wenbozaixian.com/ShowRoom/ContentHeritage/id/362/jclIndex/56.

（二）德拉伊耶的阿图赖夫区

位于阿拉伯半岛中部，利雅得西北部的阿图赖夫区是沙特王朝最早的首都所在地，阿图赖夫区始建于 15 世纪，其建筑具有阿拉伯半岛中部特有的纳吉迪建筑风格。

阿图赖夫区是沙特家族的发源地，城内建有许多清真寺。到了 18 世纪，随着政治和宗教的影响逐渐加强，阿图赖夫区成为沙特王室临时的权力中心，以及穆斯林内部传播瓦哈比教派思想的中心。1818 年，该城被摧毁。[1]

阿图赖夫区囊括诸多宫殿遗迹以及在德拉伊耶绿洲边缘兴建的城市区域，具有重要的历史文化价值，为后人了解当时人们的生活和文化习俗提供了参考资料。[2]

（三）吉达古城

吉达古城又名阿尔巴拉德，位于红海东岸，始建于 7 世纪，是印度洋贸易路线中通往麦加城的重要港口。同时，这里还是穆斯林从海路赴麦加朝圣的必经之路。贸易与朝圣的双重路线使吉达成为一处繁荣的文化交汇地。1869 年苏伊士运河开通后，吉达得到进一步发展，林林总总的商铺和具有传统特色的建筑群构成了吉达古城独特的景观。[3]

吉达古城建筑风格深受贸易的影响。19 世纪晚期，许多富商巨贾在此建造塔式房屋，他们借鉴外来的建筑工艺，并利用当地的传统材料——红珊瑚礁来盖房。吉达古城的楼房一般为三四层高，平顶，正门上部呈拱形或尖拱形。门户用木材制成，上面雕有沙特传统图案，建筑外壁多涂成白

---

[1] 资料来源于全世界（Allhistory）官网。

[2] 资料来源于联合国教科文组织官网。

[3] 文博在线. 吉达古城，迈向麦加之门 [EB/OL]. [2021-08-30]. http://www.wenbozaixian.com/ShowRoom/ContentHeritage/id/366/jclIndex/58.

色。这里的窗户和阳台都没有玻璃，而是采用木条制成的古铜色屏风遮挡。这种窗门造型兼具审美性和实用性，不仅适合当地的自然条件，也能够保护房屋主人的隐私。[1]

（四）哈伊勒区的岩石艺术区

沙特哈伊勒区的岩石艺术区坐落于沙漠地带，由奥姆斯尼曼山、阿尔舒瓦米斯、阿尔马尼奥、雷埃特组成。这一地区的山脚下曾有一片湖泊，为当地居民和动植物提供淡水资源，但该湖泊现已消失不见。这里的岩石艺术见证了一个消逝的社会，详细记录了人们如何应对古老社会自然灾难的画面。岩石上的画和碑文记录了 1 万年前的历史，描绘了大量的人类和动物形象，是后人历史研究的重要资料。[2]

（五）哈萨绿洲

哈萨绿洲由花园、运河、泉眼、水井、排水湖、历史建筑、城市机构等组成。从留存至今的古堡、清真寺等建筑，以及水井、运河等水务系统可以看出，该地区从新石器时代起，就有人类定居的痕迹。作为一处独特的文化地理景观，这片世界上最大的绿洲还拥有 250 万棵枣椰树。[3]

---

[1] 中国伊斯兰教协会. 麦加的门户世界文化遗产——吉达古城 [EB/OL]. [2021-08-30]. http://www.chinaislam.net.cn/cms/magazine/cjzs/201912/13-13679.html.

[2] 资料来源于联合国教科文组织官网.

[3] 世界遗产专题集邮网. 哈萨绿洲演进的文化景观 [EB/OL]. [2021-08-30]. http://www.guwh.com/index.php?c=content&a=show&id=1690.

（六）奈季兰的希马岩画

希马文化区占地超过 500 平方千米，是世界上最大的岩石艺术综合体之一。希马文化区是穿越阿拉伯半岛南部的贸易路线的重要地理节点，也是古阿拉伯地区的重要市场，希马的水井是北路最后一个供水点，也是南路穿越沙漠后的第一个供水点。希马文化区中发现了大量考古遗迹，石器作坊以及数以万计用古老文字书写的岩石铭文成为历史研究的重要资料。[1]

第三节　文化名人

一、穆罕默德·伊本·阿布多·瓦哈卜

穆罕默德·伊本·阿布多·瓦哈卜是沙特宗教派系瓦哈比派的创立者，沙特作为政教合一的王国，瓦哈比派的宗教统治是沙特一个重要方面。

瓦哈卜生于 1703 年，他的祖父是内志地区著名的逊尼派学者，父亲是罕百里派的法学家，并担任乌雅伊纳城的教法官，可以说瓦哈卜家学颇深。瓦哈卜受父亲影响，从小学习罕百里派教法。瓦哈卜根据自己的经验和想法逐渐对罕百里派一些教义产生了疑问，为了解开疑惑，他离开家乡，前往麦加、麦地那学习交流。在麦地那，瓦哈卜学习了新罕百里学派学说。瓦哈卜在麦地那的学习经历使其逐渐接受相对保守的伊斯兰教法思想。瓦哈卜著书立说，其重要著作有《认主独一论》《信仰基要》《先知正道简述》《伊斯兰教三要素》《注释大全》等。[2]

---

[1] 资料来源于沙特通讯社官网。

[2] 王铁铮，林松业. 中东国家通史·沙特阿拉伯卷 [M]. 北京：商务印书馆，2000：65-68.

瓦哈比派学说为沙特国家建立的思想基础提供了源头。1792 年，瓦哈卜因病逝世，但瓦哈比派已经和沙特国家紧密联系。瓦哈卜的后代以瓦哈卜的尊称"谢赫"为族号，谢赫家族一直在沙特担任宗教首领。

二、哈米德·侯赛因·达曼胡利

哈米德·侯赛因·达曼胡利创作了多部优秀小说，是沙特现代小说创作的奠基者，被公认为是沙特现代小说的旗手。

1922 年，哈米德·侯赛因·达曼胡利生于麦加，后留学埃及，入法鲁克大学（亚历山大大学的前身）文学院学习，获文学学士学位。他初期以诗歌创作为主，后转向写小说，为《源泉》《祖国》等杂志撰写教育评论文章。1965 年，哈米德·侯赛因·达曼胡利逝世。

他性格内向，喜欢静观和沉思，代表作有《牺牲的代价》（1959 年）和《岁月流逝》（1963 年）。这两部小说发表后，引起社会轰动，直到今天，仍是沙特阿拉伯最受欢迎的作品。[1]

---

[1] 资料来源于《中东报》官网。

第三章 教育历史

第一节 历史沿革

沙特的教育发展与伊斯兰文化发展相伴。近代以来，在外来文化的冲击下，阿拉伯-伊斯兰文化发展一度陷入低谷，该地区的教育事业也经历曲折。1932年，沙特开始建立现代国民教育体系。20世纪50年代，随着沙特的现代国家建设工作深入和石油经济蓬勃发展，沙特教育体制机制日益完善，迎来教育发展黄金时期。进入21世纪以来，沙特政府实施一系列教育改革举措，深入推进教育现代化进程。2016年，沙特"2030年愿景"的颁布为沙特教育发展指明了新的方向。

一、沙特教育发展历程

（一）20世纪以前

7世纪，阿拉伯民族开始走向统一，逐步建立起强大的中央集权国家。在以阿拉伯人统治为主的倭马亚、阿拔斯时期，希贾兹地区的麦加、麦地那一度成为阿拉伯世界的文化教育中心。清真寺是穆斯林公共教育场所，学者可在寺内讲学，白丁平民可通过游历参与不同学者的讲学开阔眼界、增进交流。13世纪中叶，阿拉伯帝国解体，所属领地相继遭受奥斯曼土耳其帝国、西方帝国主义和殖民势力的压榨盘剥。由于统治者采取愚民政策，该地区教育事业遭受重创，人民普遍处于愚昧状态。在沙特阿拉伯王国建国之前，沙特境内的教育发展相对落后。广大穆斯林孩童多通过库太布[1]的方式学习《古兰经》，掌握一些简单的读写知识，民众在清真寺学习了解一些宗教知识。在这一时期，吉达出现了一些新式中学，它们面向希望子女接受新式教育的上层人士开放，主要教授哲学、历史、语言等课程。由清真寺宗教学习、库太布、新式学堂教育构成的教育方式并不能为广大沙特民众提供完整的知识体系和充足的教育资源，沙特需要建立统一的国家政权来为教育事业发展奠定政治基础。

（二）20世纪以后

1. 1924—1952年：现代教育起步时期

由于统治者对教育事业的重视，沙特阿拉伯王国在建国之前便组建了国内第一个负责管理教育事业的政府部门。1925年，在伊本·沙特的主持下，内务部设立教育司，负责建立正规学校和教育网点，这是沙特最早的教育行政管理部门。1926年，沙特政府颁布了汉志组织条例，其中明确规定教育是国家的主要部分之一。由此，沙特教育事业便由中央政府统一领导、统筹推进。这一时期，国际环境错综复杂，沙特国内部落割据、各自为政，因而教育事业并没有获得大量资金支持。

---

[1] Kuttab，一种流行于阿拉伯世界的古老教育方法的音译名称。在库太布教育形式下，一名教师教授多名学生，教师主要教授穆斯林学生阅读、写作、语法，并开展伊斯兰研究。教师与学生相向而坐，具有班级授课制的特点，学段大致相当于今天的小学。直到20世纪，当现代学校教育发展起来时，库太布依然是伊斯兰世界大部分地区普遍采用的大众教育方式。

1932 年，沙特阿拉伯王国正式建国，教育司改名为教育指导总局，不再隶属于内务部，成为一个独立的政府机构，直接对国王负责。1938—1940 年，教育指导总局先后颁布了教育督导条例、私立学校条例和公立学校条例，为沙特的现代教育体制奠定了基础。[1]

沙特借鉴埃及的教育经验开办了一批学校，教育形式和类型不断丰富：1925 年，沙特成立了第一所中等师范类教育院校；1930 年，沙特开启境内公民的公费出国教育项目；1944 年，为适应石油的商业开采需求，沙特出现私立技术教育学校。截至 1951 年，沙特境内共建立了各级各类学校 200 余所。但总体而言，在 20 世纪 50 年代之前，沙特现代教育规模有限，发展步伐较为缓慢。1950—1951 学年，沙特全国注册学生仅 2 万余人，教师 1 000 余人，其中四分之一左右为外籍教师。这一时期的沙特教育仍具有浓厚的宗教色彩，例如，小学阶段对自然科学和现代人文学科的关注较少，82% 以上的课时用于学习阿拉伯语和宗教知识。在高等教育方面，沙特仅有伊斯兰法学院和师范学院两所高校，偏重培养传统文科人才，对科技人才的培养力度不足。教育资源分布也不均衡，1945 年，全国 35 所小学中有 22 所位于汉志地区，只有 8 所在东部区；全国 7 所中学和 2 所高校则全部位于汉志地区。[2]

2．1953—1999 年：现代教育快速发展时期

20 世纪中叶以来，沙特教育体制逐渐完善。1953 年，原教育指导总局改组为教育部，国家教育行政管理体制进一步健全。1957 年，沙特签署《阿拉伯文化统一协议》，在教学目标、课程设置、考核方式、教师资格等方面与

[1] 黄民兴. 沙特阿拉伯教育制度的发展及其特点 [J]. 西北大学学报（哲学社会科学版），1992（2）：120-126.
[2] 黄民兴. 沙特阿拉伯教育制度的发展及其特点 [J]. 西北大学学报（哲学社会科学版），1992（2）：120-126.

其他阿拉伯国家保持一致。[1] 同时，教育部正式宣布基础教育实行"6-3-3"学制，即小学六年，初中、高中各三年；明确规定职业教育和师范教育属于高中教育层次，与高等教育相区分。1975年，沙特高等教育部成立，这意味着高等教育在全国教育体系中的地位越来越重要。

除了教育管理和教育制度逐渐完善，这一时期政府也为教育发展提供更多财政支持。二战结束后，沙特石油产量迅速提升，石油收入急剧增加，这为沙特政府带来了相当可观的财政收入。自20世纪60年代起，沙特政府大幅提高教育公共经费支出。在沙特第一个五年发展计划期间，中央财政划拨的教育经费共计73.78亿里亚尔，仅次于对军事、行政、邮电运输的财政支出，是工业经费支出的7倍左右。[2] 20世纪70年代，沙特政府依靠石油经济的繁荣推行福利性的公共社会政策，为公民提供免费教育。

在制度完善和财力支持的双重保障下，沙特现代教育逐渐摆脱了落后的面貌，焕发生机。在办学规模方面，学校、学生和教师数量均迅速增加。1969年，沙特各类学校共计3 000余所；1983年，各类学校总数超过1.4万所；1989年，各类学校总数突破1.7万所。1970年，沙特在校学生总数约为55万人；1989年，在校学生总数达265万人。20世纪60年代初，在沙特的外籍教师约为2 000人；至20世纪70年代初期，在沙特的外籍教师人数增长了近10倍。这一时期，沙特加大对高等教育的投入，高等教育机构类型和课程设置更加丰富。1957年，利雅得大学（现沙特国王大学）建立，开设世俗课程；1974年，费萨尔国王大学建立，主要面向东部农牧区和朱拜勒工业区招生，设立农学、医学、兽医学等专业。[3] 1975年，法赫德国王石油矿产大学成立，该学校的主要目标是为石油时代的经济发展培养人才。此外，沙特政府还派遣学生公费出国学习计算机、工程、公安技术、营养学

---

[1] 黄民兴. 沙特阿拉伯教育制度的发展及其特点 [J]. 西北大学学报（哲学社会科学版），1992（2）：120-126.

[2] 吴彦. 沙特阿拉伯政治现代化进程研究 [M]. 杭州：浙江大学出版社，2011：122.

[3] 吴彦. 沙特阿拉伯政治现代化进程研究 [M]. 杭州：浙江大学出版社，2011：124.

等专业，以期使沙特的专业人才结构更好地适应现代社会发展需求。

20世纪50年代以来，女性教育也随着社会进步而走入公众视野。1959年，沙特政府承认女性具有接受正式教育的权利；1960年，费萨尔国王首先倡导在沙特全境发展公共女性教育。在社会各界的共同努力下，沙特在校女生总数从1960年的2 000余人增加到1968年的10万余人，到20世纪80年代，沙特男女学生人数基本持平，1989年，沙特男子学校数量占全国学校总数的54%，女子学校占46%。[1] 在高等教育方面，1969年，沙特成立了第一所公立女子大学——女子教育学院，到20世纪80年代，各类女子高等教育机构已经遍布吉达、麦加、盖西姆、麦地那等地，女性可以在学校学习教育学、宗教、阿拉伯语、地理、历史、英语、家庭经济学等专业。[2] 20世纪下半叶，沙特现代教育的发展使社会传统价值观念发生一定程度的改变，为沙特现代经济繁荣提供了人力资源支撑，客观上推动了沙特的工业化和城市化进程。

20世纪70年至20世纪末，沙特中学和大学的男女毕业生数量变化如图3.1所示。虽然女性教育取得了长足的进步，但沙特仍然需要大力推动教育领域的性别平等。[3]

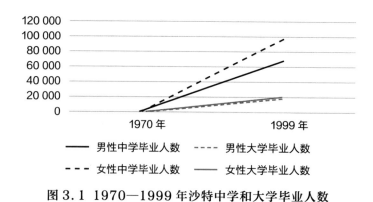

图 3.1 1970—1999 年沙特中学和大学毕业人数

[1] 吴彦. 沙特阿拉伯政治现代化进程研究 [M]. 杭州：浙江大学出版社，2011：126.
[2] 米母. 沙特阿拉伯女子高等教育发展研究 [D]. 天津：天津大学，2019：9.
[3] 吴彦. 沙特阿拉伯政治现代化进程研究 [M]. 杭州：浙江大学出版社，2011：127.

3．2000 年至今：现代教育调整改革时期

经过近一个世纪的探索发展，沙特现代教育的体制架构、管理模式、运行机制日趋成熟，教育在国民公共事业中的地位也不断提升。成年男女文盲率都显著降低（见图 3.2）[1]

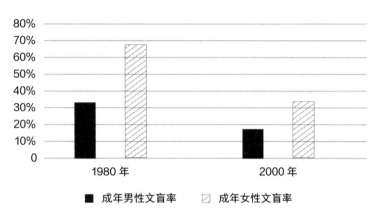

图 3.2 1980 年与 2000 年沙特成年男女文盲率对比

进入 21 世纪，沙特面临诸多新的挑战，经济和社会的变化对教育改革和发展提出了更高的要求，教育改革成为沙特政府 21 世纪的优先事项之一，改革重点聚焦学校课程安排和教材编写。教育部修订了学校教科书，注重培育学生中正、包容、科学的思维。此外，教育部加强对教育工作者的培训，通过提高教师的综合能力来改进传统的教育方法、提升教学工作效率。沙特政府还启动了综合教育评估计划、2004—2014 年教育战略计划、阿卜杜拉国王公共教育发展计划等教育改革项目，这些改革项目成果显著，在很大程度上改善了沙特教育领域存在的问题，逐渐营造了包容和谐的社会氛围；教育观念从仅重视以语言、历史为代表的传统文科逐渐转向人文与

---

[1] 吴彦. 沙特阿拉伯政治现代化进程研究 [M]. 杭州：浙江大学出版社，2011：127.

科学技术类现代学科并重，这有利于为沙特经济多元化发展提供智力支持。但这一时期的改革也遇到阻碍。许多执行改革政策的官员自身成长过程中接受的是传统教育，他们对新式教育改革的理解不到位、热情不高，因而改革的最终效果与预期目标存在一定差距。

2016 年，沙特政府推出"2030 年愿景"，并推出"2020 年国家转型计划"和"国家转型项目 2016 年倡议"作为配套政策。第一，在"2030 年愿景"指导下的教育改革，将道德教育贯穿教育全过程，强调培养健全的人格、高尚的品格。第二，改革将目光投向家庭教育，提升家长在其子女教育中的参与度，建立良性的家校联络机制，增进不同教育场域间的互动，逐步健全"家庭-学校-社会"三位一体的联动格局。第三，发挥教育对经济增长的促进作用也是此次改革的重要目标之一。第四，在此次改革中，沙特政府明确要加大对职业教育的扶持力度，确保毕业生具备工作所需要的专业技能；政府还提出加强高等教育的就业导向，通过国家宏观调控使高校的人才培养工作更好地适应经济发展需求，并派遣留学生赴海外学习国内紧缺和优先发展的专业技术，鼓励学生学成后回国参与经济建设。[1] 第五，此次改革提出，在教育领域中引入民间机构和私人资本。

概而言之，沙特教育现代化大体经历了起步、快速发展、调整改革三个阶段。石油经济的繁荣为教育发展奠定了雄厚的物质基础，现代教育的体制机制和框架布局随之完善；进入 21 世纪，面对错综复杂的国内外形势，沙特政府能够引导教育事业因时而变，不断调整，紧跟时代步伐，成为沙特转型发展的强大支柱。

[1] 孔令涛，沈骑. 沙特"2030 愿景"中的教育发展战略探析 [J]. 现代教育管理，2017（11）：124-128.

二、沙特教育发展特点

纵观沙特教育事业的现代化历程，可以发现其发展始终以经济建设需求为导向，经济建设取得的成果反过来也为教育事业提供了物质支持。作为政教合一的王权国家，沙特的教育事业带有鲜明的宗教色彩。同时，沙特的教育发展仍依靠外国的经验技术，体现出外延式特点。以上三个方面构成了沙特教育发展的基本特征。

（一）教育与社会经济发展紧密结合

沙特现代教育为社会经济建设而服务。在沙特阿拉伯王国建立之前，其领导人便深刻认识到国民教育对国家发展的重要性，着手成立专门负责教育工作的政府部门。沙特阿拉伯王国建立后，沙特政府不遗余力地完善教育体系，整合各类资源支持国内教育发展。当沙特国家发展面临转型、财政仅依靠石油经济红利难以为继时，教育改革成为统治者疏解发展压力、处理棘手问题的重要途径，教育能够为沙特经济发展提供人才保障、技术支撑。在石油经济繁盛时期，沙特育人重点是培养石油产业所需的熟练技术工人。到 21 世纪，在经济多元化发展背景下，沙特教育目标转向培养创新科技人才，在专业设置上侧重前沿科技，力图为沙特经济转型争取主动权。

（二）教育事业的宗教特征鲜明

宗教是沙特现代教育体系的重要组成部分。瓦哈比派在沙特备受尊崇，教育工作也以其教义为标准，教育成为沙特宣扬宗教思想、塑造社会价值观的重要方式。沙特最早的一批高等学校中就包括专门教授宗教知识的学院。其小学、中学的课程设置中也为宗教教育安排一定教学时长。进入 21 世纪以后，基于多方考量，沙特王储穆罕默德·本·萨勒曼在教育改革中提出发展"中正、宽容、温和的伊斯兰"，以适应时代的变迁。随着"2030 年愿景"中教育发展规划的逐步落实，宣传温和的伊斯兰思想已成为沙特现代教育的重要任务。

（三）教育现代化进程具有外延性

沙特教育现代化具有一定外延性。历史上，沙特未出现制度化的国民教育体系，其教育事业发展的基础较为薄弱。沙特阿拉伯王国成立初期，沙特通过大量聘用外籍教师来解决国内师资短缺的问题，而本国教师因培养周期长而无法在短期内迅速填补空缺，因而沙特出现了依赖外籍教师的情况。沙特对外籍教师依赖的程度随教育层次的提高而逐渐加深，依赖程度最深的是普通中等教育、师范教育、职业教育和高等教育。[1] 进入 21 世纪以来，沙特为实现经济发展目标建立阿卜杜拉国王科技大学，该大学以工科见长，其大部分教职工来自西方及东亚教育发达地区。沙特对外籍教师的过度依赖带来了一些不利影响，例如，在中小学阶段，可能存在教师素质不高、缺乏责任心等问题，在高等教育阶段，可能存在教师文化观念、宗教传统等与本国环境不符而诱发冲突等问题。

第二节　教育名人

在现代教育起步时期，沙特本土教育工作者人数较少，国内重点学科

---

[1] 黄民兴. 沙特阿拉伯教育制度的发展及其特点 [J]. 西北大学学报（哲学社会科学版），1992（2）：120-126.

建设需要依靠外籍教师。进入 21 世纪以来，随着沙特本土人才培养水平的提升，教育领域不断涌现出颇有建树的领军人物，他们的思想观念和实践活动深刻影响着沙特现代教育的发展方向。

一、努拉·宾特·阿卜杜拉·阿勒法兹

努拉·宾特·阿卜杜拉·阿勒法兹是第一位在沙特政府机构中担任内阁级职务的女性，是沙特现代知名教育家。1956 年，努拉出生于沙特中部。1979 年，努拉在沙特国王大学获得社会学文学学士学位，1982 年，在美国犹他州立大学获得教育学专业型硕士学位。结束学业回到沙特后，努拉成为一名教师，随后担任阿尔瓦利德·本·塔拉勒王子王国学校女子部的校长。1983—1988 年，努拉任教育部教育技术中心主任，兼任教育部行政学院讲师。1989—1995 年，努拉在沙特国王大学教育学院担任教育技术系副教授。1993 年，努拉任教育部女子私立教育主管，同年出任公共行政学院妇女部主任。2009 年，努拉被任命为负责妇女事务的教育部副大臣，成为沙特第一位在国家层面对女童教育事业做出指导规划的女性。

作为沙特教育历史上第一位担任内阁部长级职位的女性，努拉使沙特现代女性教育发生了深刻的改变。在任期间，努拉不仅对女性教育事业进行顶层规划设计，还身体力行地从事一线教育工作。她认为，女性教育是沙特现代教育不可或缺的重要部分，女性教育的质量很大程度上影响沙特教育的整体水平，进而影响沙特经济社会发展中的人力资源结构。努拉还指出，建设符合伊斯兰国家国情的女性教育体系是十分重要的。加强女性学者培养力度，培养更多女性教育从业者；完善国内女性教育体系，健全女性受教育机制，维护女性接受教育的合法权利，是提升沙特女性教育质量的两大关键路径。[1] 此外，努拉还十分重视家庭教育对儿童，尤其是对女童的影响。女性教育的起点应从家庭开始，而家庭教育对女性的影响比学校教育、社会教育对女性的影响更加持久。

努拉出任教育部副大臣不仅帮助沙特改善了国家形象，还体现了沙特在教育领域锐意革新的精神，使沙特现代教育展现出更强的时代特征和人文关怀。

二、哈米德·本·穆罕默德·阿勒谢赫

哈米德·本·穆罕默德·阿勒谢赫，沙特著名教育家、经济学家。哈米德获得了沙特国王大学行政科学系的学士学位、旧金山大学经济学硕士学位和斯坦福大学哲学博士学位。毕业后，哈米德供职于沙特国王大学，曾任沙特国王大学行政科学学院经济系助理教授、副教授，工商管理学院经济系主任，阿卜杜拉国王研究与咨询所所长，沙特经济政策委员会委员，劳动力市场政策委员会委员等。2018 年，哈米德被任命为沙特教育部大臣，负责国家教育行政管理事务。海外留学经历和经济学科背景使哈米德充分认识到打造开放式教育平台的重要性，以及科技与教育的互相促进作用。在任期间，哈米德推出"在教育领域讲授中文"项目，计划让沙特本国教师参加为期一年的中文教学培训，培训合格后向沙特当地学生讲授中文。该计划有利于打造沙特现代教育开放式平台，推动中文成为沙特教育系统中继阿拉伯语和英语之后的"第三大语言"，[2] 进而打破教育"向欧洲看齐"的传统观念，保持对知识迭代更新的敏锐性。除了打造

---

[1] 米娜. 沙特阿拉伯王国女子高等教育研究 [D]. 兰州：西北师范大学，2017：32.

[2] 李馨怡. 国际教育新机遇 | 沙特教育部长：中文将成为沙特教育"第三大语言" [EB/OL]. [2022-06-23]. https://www.sohu.com/a/306466481_357704.

开放式平台，哈米德还积极推进教学方法的创新，2019 年，哈米德推出名为"未来 X"国家电子学习平台，鼓励发展在线教育。这一举措有利于改善国内教育资源分布不均的状况，也有助于将私人资本引入教育领域，减轻国家的教育财政压力，加强市场竞争，推动教育教学提质升级。[1]

　　沙特现代教育的发展改革离不开教育家们的实践。富有影响力的教育家们是时代变革的先导力量，他们躬耕教育改革发展一线，做出了杰出贡献。

---

[1] 资料来源于阿联酋通讯社官网。

第四章 学前教育

学前教育是一个国家现代教育体制中最基础的环节，沙特也不例外。1974 年，沙特开始发展现代学前教育事业，1975 年，沙特开设学前班，标志着沙特学前教育体制正式建立。[1] 随着沙特社会经济的发展，离开家庭、参与到劳动市场的女性数量不断增多，因而越来越多的儿童需要被送至专门机构照顾和托管，社会对学前教育的需求愈发迫切，国家也愈发重视学前教育，加大了对学前教育的财政投入。为了解沙特学前教育的发展现状、特点及目前面临的挑战，本章将做如下阐述。第一节从学生规模、学校数量和类别、学制长短、课程、师资建设等方面介绍了沙特学前教育的发展和现状。根据沙特学前教育的发展和现状，第二节对该国学前教育的特点进行总结。第三节从教育国际化的背景出发，立足沙特的现实情况，分析其学前教育发展中遇到的挑战及其改革。

第一节 学前教育的发展和现状

沙特地处沙漠腹地，受制于自然条件，其人口分布并不均衡，且人口

---

[1] ALJABREEN H, LASH M. Preschool education in Saudi Arabia: past, present, and future[J]. Childhood education, 2016, 92(4): 311-319.

结构年轻化，人口因素对沙特的教育布局产生了重要影响。同时，沙特四季分明、夏季炎热，这样的气候特征也在一定程度上影响了沙特学校的工作安排。沙特的官方语言是阿拉伯语，在包括学前教育在内的整个课程体系中，阿拉伯语都是必学课程。近年来，进入劳动力市场的成年人数量，尤其是成年女性数量大幅增长，大量女性照顾家庭的时间减少，因此社会对幼儿托管与学前教育的需求显著增加。以上各方面的社会背景都影响着沙特学前教育的发展。

一、学前教育的历史

（一）规模

当前，女性是沙特学前教育师资的主力军，女性教育的发展为学前教育的发展奠定了一定基础。因此，回顾沙特学前教育的发展，有必要了解沙特女性教育事业的简况。

1932 年，沙特建立了现代教育体系，1945 年，沙特国王授权建立学校，但当时的受教育对象基本都是富裕家庭的男孩。1964 年，沙特建立第一所公立女子学校。到 20 世纪 90 年代，沙特各地都广泛建立了女子学校。[1] 在普通教育和女子教育发展的推动下，学前教育得以较快发展。

1974 年，沙特开始策划建立现代学前教育体制，并于 1975 年在吉达建立第一所幼儿园。[2] 此后，沙特的学前教育进入快速发展期，幼儿园数量迅速增加。1994—1995 学年，沙特有女子幼儿园 205 所，在校女童 16 929 人，

---

[1] 资料来源于沙特阿拉伯驻美国大使馆官网。

[2] RABAAH A, DOAA D, ASMA A. Early childhood education in Saudi Arabia: report[J]. World journal of education, 2016, 6(5): 1-8.

女教职工 1 795 人；男子幼儿园 199 所，在校男童 24 201 人，男教职工
1 344 人。在这些幼儿园中，民办幼儿园 343 所。[1] 2017—2018 学年，沙特
幼儿园总数 3 404 所，其中私立幼儿园 1 272 所，公立幼儿园 2 132 所。各类
幼儿园班级总数 15 308 个，其中私立幼儿园设置了 7 619 个班级，公立幼儿
园设置了 7 689 个班级。在读学龄前儿童总数 264 295 人，其中私立幼儿园
有 111 840 人，公立幼儿园有 152 455 人。学前教育阶段教师总数 23 483 人，
其中私立幼儿园占 10 268 人，公立幼儿园占 13 215 人。[2] 从 1965 年建立第
一所幼儿园至今，经过半个多世纪的发展，沙特学前教育事业发生了翻天
覆地的变化。

表 4.1 展示了 1975—2018 年沙特学前教育学校数量、学生数量、教师
数量、生师比的情况。[3]

表 4.1 1975—2018 年沙特学前教育学校数量、学生数量、教师数量、生师比情况

年份	学校数量 / 所	学生数量 / 人	教师数量 / 人	生师比
1975	1	200	14	14.3∶1
1980	19	2 067	166	12.5∶1
2012	1 667	117 653	13 678	8.6∶1
2014	2 559	182 556	22 819	8∶1
2018	3 404	264 295	23 483	11.3∶1

　　一般而言，入学率是适龄人口在校生与适龄人口总数之比，在一国的
现行学制中，与规定的入学年龄相对应的人口总数即为适龄人口总数。根

---

[1] 资料来源于州立大学网教育百科全书官网。

[2] 资料来源于沙特教育部官网。

[3] 资料来源于沙特政府数据库官网。

据联合国教科文组织公布的各国教育数据，笔者推算了沙特学前教育的入学率，2008 年为 11%，2018 年为 15%，呈增长趋势。但是，这一数据与其他国家相比仍然偏低，这是因为沙特并未将学前教育纳入义务教育体系，学前教育在沙特也并非进入小学的先决条件。鉴于此，沙特的国家战略明确了提高学前教育入学率的工作计划，即在 2030 年实现将学前教育入学率从目前的 17% 提高到 95% 的发展目标。[1]

（二）课程改革

沙特学前教育的课程改革可分为三个阶段。第一阶段始于 1952 年，沙特开始实施一些相对传统的教学方法，基于课本教材和课程知识开展教学，课程内容以简单的读写和计算为主。第二阶段始于 1975 年，现代学前教育体制开始建设，但教学重点仍为培养学生的读写技能，和第一阶段的方法无明显差异。第三阶段始于 1986 年，受西方影响，沙特开始强调"自主学习"等课程模式，课堂教学的主体由教师转向学生。[2]

但在 1991 年以前，沙特都没有制定官方的学前教育课程标准，长期依靠儿童早教综合项目来统筹学前教育事业。1988 年，沙特女童教育工会（该组织于 2003 年并入教育部）、阿拉伯海湾国家支援联合国发展组织项目和联合国教科文组织共同签订了发展沙特学前教育的合作协议。根据协议的精神，合作侧重两个领域：一是开发幼儿园课程，二是建立四个永久的学前教育教师培训中心。[3]

1991 年，沙特颁布了正式的学前教育国家课程——《自主学习课程》。

---

[1] 资料来源于经济合作与发展组织官网。

[2] RABAAH A, DOAA D, ASMA A. Early childhood education in Saudi Arabia: report[J]. World journal of education, 2016, 6(5): 1-8.

[3] ALJADIDI A. The professional preparation, knowledge and beliefs of kindergarten teachers in Saudi Arabia[D]. Exeter: University of Exeter, 2012: 34.

《自主学习课程》强调以学生为中心，课程内容突出以下重点：灵活性、自由、游戏、互动、尊重、身份和文化、知识、技能、与父母的关系、学生的责任感、专注力、自我探索精神。[1] 近年来，沙特注意到学前教育学生识字率及阅读表现不佳的问题，因而在 2015 年，教育部与学前教育相关专业协会合作，完善了《沙特早期学习标准》，以期改善儿童的学习成果。如前文所述，一些幼儿园也会借鉴西方国家的学前教育课程理念和相关标准文件，如美国学前教育的《创意课程》等。2006 年，沙特修订了学前教育国家课程。

二、学前教育的现状

（一）学制

沙特的学前教育是在国家普通教育体系整体发展的基础上建立起来的。沙特的普通教育包括学前教育、小学教育（6 年）、初中教育（3 年）、高中教育（3 年）。其中，小学教育和初中教育是国家义务教育，学前教育并不在国家义务教育的范畴内。在沙特，学前教育分为两个阶段。第一阶段为面向 1—3 岁儿童的托儿所阶段，托儿所作为家庭教育的延伸，主要提供保育服务。第二阶段为面向 3—6 岁儿童的幼儿园阶段，这是学前教育的核心阶段。幼儿园的班级根据学生的年龄段进行分层教学，一般包括三个年龄段：3—4 岁、4—5 岁、5—6 岁。

---

[1] ALJADIDI A. The professional preparation, knowledge and beliefs of kindergarten teachers in Saudi Arabia[D]. Exeter: University of Exeter, 2012: 36.

（二）学前教育机构

沙特的学前教育机构主要包括两类，一是托管机构，二是幼儿园。不同类型的学前教育机构对应的责任主体和出资方式有所差异。公立托管机构和幼儿园由政府投资建设并资助办学，私立托管机构和幼儿园一般由社会机构或私营团体资助。沙特教育部对所有托儿所和幼儿园都有监管权。还有一部分家庭日托中心也属于托管机构，由劳动和社会发展部负责管理。就具体办学运行的职责而言，沙特教育部下设的普通教育司，以及普通教育司的下设机构——学前儿童发展处是责任主体。

（三）现行课程标准

1．课程目标

在 2006 年修订学前教育国家课程后，沙特明确了以下目标。

尊重儿童的本能，为儿童营造类似于家庭的成长环境，培养他们的道德品行，教育其严格遵守伊斯兰教教义，帮助其健康成长。教育者以身作则，按照伊斯兰教的行为和道德标准培养学生。让儿童熟悉学校的环境和氛围，培养孩子的社交意识和能力，为今后的学校生活做好准备。教给儿童与其年龄相符合的、与日常生活密切相关的基础知识。培养儿童的创新能力及想象力，拓宽其眼界，使其为未来生活做好准备。保障学生在游戏中快乐学习的权利。提高学生的身体素质，引导学生养成良好的卫生习惯，促进儿童感官发展。使儿童免受危险，对其不良行为进行早期干预，以适当的方式解决儿童的行为问题。[1]

---

[1] MOHAMMED A. An investigation of cooperative learning in a Saudi high school: a case study on teachers' and students' perceptions and classroom practices[D]. Leicester: University of Leicester, 2017.

通过上述课程目标可知，沙特学前教育将伊斯兰教教义和文化传统与以儿童为中心等现代教育理念相融合，强调培养学生对于伊斯兰教的认同，同时也注重学生的身心健康、思维能力、个性特征、社会能力，兼顾学生的情感和认知需求，[1] 强调为未来的学校生活做准备。

2．课程内容 [2]

沙特学前教育的课程内容由一系列教学单元和主题构成，主要关注宗教、阿拉伯语、数学、艺术、音乐、健康、社会服务技能方面，符合课程目标提出的要求。每个单元的教学周期为2—4周。本节以"水和沙子"单元为例，介绍沙特的课程内容。

"水和沙子"是沙特学前教育的一个重要学习单元，体现了自然地理特征对该国课程内容编排的影响。沙漠是沙特生态系统的重要基础，同时，该国淡水资源稀缺，可持续用水的理念深入其教育系统，成为学前教育课程内容的组成部分。沙特学前儿童将在"水和沙子"单元学习到水资源短缺所带来的严重威胁、水资源短缺对沙特地理区域和生态环境的影响等。该单元的目标是使儿童了解关于国家自然资源的基础知识，培养其关注和保护水资源的意识。学习过程包括下列活动：观看沙特的海水淡化过程、制作可持续用水的宣传海报、讨论在家和学校防止浪费水的方法等。

从人文历史的角度来看，"水和沙子"单元能够帮助儿童学习本国历史文化，培养其国民性，例如，家庭帐篷就体现了沙特沙漠地区独特的地域文化与传统家庭生活方式的紧密关系。"水和沙子"教学单元的教学案例包括：在戏剧游乐区穿着和体验传统服装、讨论祖辈们如何在沙漠中适应自

---

[1] ALJABREEN H, LASH M. Preschool education in Saudi Arabia: past, present, and future[J]. Childhood education, 2016, 92(4), 311-319.

[2] ALGHAMDI A, ERNEST J, HAFIZ F. Teaching sustainable practices as part of a holistic education in the Saudi context[J]. International journal of the whole world, 2018, 3(2): 42-52.

然环境、体验搭建帐篷、阅读一本关于应对自然天气挑战的书籍等。

"水和沙子"单元还对学龄前儿童进行爱国主义教育。根据《沙特早期学习标准》，爱国主义教育是一个非常重要的维度，需要贯穿教育的全过程，在学前教育阶段打下良好的基础尤为重要。具体到"水和沙子"单元的课程内容中，体现为儿童在课堂上讲述他们曾祖父母辈的生活经历和故事，尤其是先辈与沙漠和水打交道的生活经验，这是沙特学前教育过程中非常受欢迎的话题，为沙特儿童的国民性养成和爱国主义思想培育奠定了重要基础。

通过"水和沙子"单元的学习，不仅能达成自然资源、历史文化、爱国主义三个方面的课程目标，还能培养儿童的想象力、动手能力、交流能力、合作能力等。例如，用沙子建造小模型的实践项目涉及挖掘、测量、掩埋等一系列有助于培养儿童智力和动手能力的活动；在祖辈故事分享项目中，涉及询问、倾听、记忆、想象、再加工、讲述等一系列与语言能力和认知能力相关的活动。

3．课程实施方式

在课程实施中，沙特学前教育的教学法体现了现代教育理念，强调儿童的年龄和过往经历，主张儿童发展理论，采用游戏和自由选择活动，突出课程实施的灵活性和交互性。根据《自主学习课程》中的自学理念，教师的角色和作用是满足儿童的个性化需求，帮助和鼓励儿童动手实践、实验、探索，寻找不同事物的事实、属性和关系。[1] 因此，在教学方式上，教师注重通过游戏和多样的课堂活动，如绘画、设计、建造、表演等，鼓励儿童创造性地表达自我。

---

[1] ALJADIDI A. The professional preparation, knowledge and beliefs of kindergarten teachers in Saudi Arabia[D]. Exeter: University of Exeter, 2012, 38.

随着经济发展和技术进步，沙特也注重利用现代教育技术丰富幼儿园的课堂活动，提高儿童学习兴趣。在沙特，学前教育课堂常见的现代教育技术设备有个人计算机、电子书、电子白板、照相机等。各类依托技术的项目式学习和游戏式学习愈发重要，这类学习方式能够让儿童基于真实情况去探究和解决问题，激发学生学习的兴趣，从而达成发展儿童协作能力，培养其问题解决能力，培养其批判性思维等方面的目标。[1]

（四）师资情况

目前，沙特学前教育的师资力量正在迅速壮大，师生比例结构得以优化。从性别来看，沙特从事学前教育的教师大多为女性。从从业资格来看，国家对学前教育领域教师的要求越来越高，幼儿园教师应该具备大学学历，从教前需要取得相应的学前教师资格证书，但一些乡村地区对教师资格证书没有硬性的规定和要求。

沙特托管机构和幼儿园的教师培训工作最初由海湾女子协会负责。随着社会对学前教育教师培训专业度要求的提升，学前教育师资培训的主力逐渐转至各个大学。目前，沙特共有 17 所高校开设了学前教育相关的学位培养项目。[2]

教育部将沙特的幼儿园课程内容整理成册。第一册是《教师手册》，帮助教师从整体上理解学前儿童的学习和发展特征，使其掌握开展学前教育的基本知识。全书共六章：教育原理及其应用、儿童行为指导（管教方法）、物理环境、日常游戏和节目、儿童上学前班的准备工作、学前教育机构的规划建设。其他六册一共设置了十个学习单元，其中五个单元提供了

---

[1] ALASIMI A. Saudi early childhood teachers' attitudes about the use of technology in early childhood classrooms[D]. Kent: Kent State University, 2018: 39.

[2] ALMUTAIRI F. Investigating in-service early childhood teachers' perceptions and experiences of a training programme in Saudi Arabia: a case study[D]. Sheffield: University of Sheffield, 2018: 57.

详细的指导说明，并独立汇编成册。每本书都包括单元学习目标、概念、所需材料以及单元活动的详细说明。这七本书能够为教师提供促进儿童学习和发展的实用知识，以及与儿童学习和发展相匹配的教学材料，教师可根据指导手册灵活开展教学。[1]

第二节 学前教育的特点

一、教育目标与教育内容具有较强的本土特色

（一）教育目标体现现代性与宗教性

遵循儿童需求和心理发展特点与符合宗教要求共同反映在沙特的学前教育课程目标中：儿童的能力和需求需要得到赞赏；儿童需要在与家庭相似的环境中得到尊重和被温暖对待，从而获得安全感；儿童需要与成人和其他儿童建立良好的关系；儿童需要正确使用语言；孩子需要理解符合他们年龄和需求的概念；儿童要在游戏中运用和发展感官能力；儿童需要在安全的环境中养成良好的行为习惯；儿童的自我表达方式要具有创造性；儿童需要了解真主的概念；合格的学前教育教师须是符合伊斯兰道德要求的良好榜样。[2]沙特学前教育目标中的宗教文化要素可以概括为两点：严格遵守伊斯兰教的教义和禁令；教师要以身作则，按照伊斯兰教教义培养儿童。沙特学前教育目标既体现了现代教育理念，也体现了鲜明的宗教文化

---

[1] ALJADIDI A. The professional preparation, knowledge and beliefs of kindergarten teachers in Saudi Arabia[D]. Exeter: University of Exeter, 2012.

[2] ALJADIDI A. The professional preparation, knowledge and beliefs of kindergarten teachers in Saudi Arabia[D]. Exeter: University of Exeter, 2012.

传统，这一特点符合沙特的国情。

（二）教育内容体现国家地域文化特色

沙特学前教育的课程内容具有鲜明的地域文化特色。例如，上文分析的"水和沙子"单元，其标题就体现了沙特的国家地理特色。地理区域特征成为沙特儿童学习的重要内容。国家在学前教育阶段就教授儿童这些富有地域特色文化的知识，对培养孩子敬畏自然的意识，使其认同民族身份具有重要意义。

二、课程教学强调儿童的自主性

沙特教育部颁布的学前教育国家课程——《自主学习课程》强调专注于儿童自主选择的交互式自学方法。为了培养儿童的自主性，幼儿园需要创设有利于儿童自主学习的环境，例如，通过划分工作区域来培养儿童的技能，主要的工作区域包括：写作角、阅读角、积木和建筑角、探索角、厨房角、安静角等。[1] 这些工作区域及其配套的活动为儿童提供了自我探索和发现的机会，有利于培养儿童自主发现问题、解决问题的能力，也能培养儿童的兴趣和爱好。

幼儿园还通过"每日计划"来实施自学课程。沙特幼儿园将儿童每天的在园时间分为五个部分：圆桌时间、户外自由活动时间、进餐时间、工作角自由学习与活动时间、与教师最后会面的时间（如表 4.2 所示）。[2]

---

[1] SOBAHE W. The difference between preschools in kingdom of Saudi Arabia and United States in curriculum and classroom activities [D]. Platteville: University of Wisconsin-Platteville, 2017.

[2] ALJADIDI A. The professional preparation, knowledge and beliefs of kindergarten teachers in Saudi Arabia[D]. Exeter: University of Exeter, 2012.

表4.2 沙特幼儿园的"每日计划"教学日程表

时间段	时长	活动类型	具体活动
圆桌时间	30分钟	教师指导与学生参与相结合。	教师提出与单元学习相关的话题，利用不同材料开展教学。在展示期间鼓励学生参与和表达自己观点。
户外自由活动时间	45—60分钟	学生自主选择要参与的活动（孩子是活动的发起者）；教师关注学生的活动过程，适当干预和引导。	学生在游乐场地自由活动，教师参与到学生的游戏活动中。
进餐时间	30分钟	学生与教师共同进餐，营造家庭般的氛围。	
工作角自由学习与活动时间	45—60分钟	学生自主选择要参与的活动（孩子是活动的发起者），教师关注学生的活动过程，适当干预和引导。	学生在不同的工作区域自由学习和活动，教师尽量少干预学生的活动。教师认真观察学生的行为，并做好记录，对于不好的行为进行适当的干预和引导。
与教师最后会面的时间	30分钟	教师主导，对学生的活动选择和活动偏好进行反馈。	师生回顾一整天的活动，然后通过唱歌、讲故事、做游戏等放松身心。

如表4.2所示，"每日计划"鼓励学生的自主学习，为儿童在学习中尝试自主选择提供了机会，同时也创造了自由活动的空间和环境。从活动类型和时长来看，学生自由活动，即儿童发起的活动，比教师指导的活动占用的时间更长，这展示了学前教育课程强调发挥学生主观能动性、尊重学生主体地位的价值取向。

三、重视师资培训与家校合作

沙特要求幼儿园教师必须持有学前教育学士学位，并获得相应的教师资格证。学前教育师资培训成为沙特保障教师质量的重要路径。沙特的学前教育师资培训通过学前教育培训中心和大学学前教育专业院系两种路径开展。就专门的学前教育培训中心而言，沙特目前有六个学前教育培训中心，并计划再增加两个，专门用于服务幼儿园教师的专业发展。[1] 这种集中的专业化培训有助于从整体上提高学前教育教师的专业性。从大学院校培训来看，沙特拥有世界高水平的高等学府，如阿卜杜勒·阿齐兹国王大学、沙特国王大学等，这些大学开设学前教育相关的学位项目，提供专业课程、组织理论与实践相结合的专家讲座，为未来的学前教育工作者提供高质量的受教育机会，为国家学前教育的整体发展做出了重要贡献。

家长在儿童成长过程中发挥着不可替代的作用。沙特教育部与儿童保育协会合作，致力于改善家庭环境，提高家长参与儿童教育的意识。其中一项名为"母子教育"的计划为3—9岁儿童的母亲提供儿童在家保育和教育方面的建议。[2] 在教育部的鼓励下，麦加区开展了幼儿园阅读计划，以此增加家长与儿童共同阅读的时间。随着科技的发展，教育部还计划推出"虚拟幼儿园"项目，以幼儿家里的数字化网络为平台，辅助幼儿园的面授教学。这些举措极大地强化了家长的角色和作用，进一步促进了家校合作，助力幼儿的健康成长。

---

[1] 资料来源于经济合作与发展组织官网。

[2] BASHATAH L. Saudi researchers' perspectives on the ethics of children's participation in research: an exploration using Q-methodology[D]. Manchester: University of Manchester, 2016.

第三节 学前教育的改革

一、提高学前教育入学率

沙特学前教育阶段入学率不到 20%。以 2017 年的数据为例，沙特 3 岁儿童的学前教育入学率和全国学前教育入学率为二十国集团最低。[1] 造成学前教育阶段入学率低的原因有很多。一方面，沙特城乡发展水平差距大，农村地区对学前教育的需求和重视程度不高。沙特私立幼儿园居多，学费较为昂贵，而经济条件欠佳且识字率低的家庭难以为孩子的学前教育提供足够的资金支持，因此乡村地区幼儿园入学率低。另一方面，虽然沙特的教育经费投入占比较高（例如，在 2010 年前后，沙特的年均教育公共开支约占国内生产总值的 19%），但这些投资主要用于支持高等教育和科技研发，投入到学前教育的资金占比仅为 0.3%。[2]

为应对入学率低的挑战，沙特政府的主要思路是调动民间力量积极参与学前教育。此外，沙特政府还颁布了相应的配套政策。例如，利用数字平台，丰富正规教育外儿童可利用的教育资源，也为学前教育机构提供资源支持；适当加大财政投入的比重，为私立幼儿园等提供更多的财政支持，增加学前教育的专项拨款，优化城乡教育资源的再分配；进一步整合社会与家庭的力量，创设更多的学前教育环境，提高入学率。

---

[1] OECD. Early childhood education: equity, quality and transitions—report for the G20 Education Working Group[R]. Paris: OECD, 2020.

[2] 资料来源于宏观趋势（Macro Trends）官网。

二、缓解城乡学前教育发展不平衡

首先，从幼儿园办学条件来看，乡村地区正规的公立幼儿园与优质教育资源比城市少，乡村多为民办的私立幼儿园或托管机构。乡村地区幼儿园的基础设施和环境与城市幼儿园相比，仍有极大提升空间。其次，从管理体制来看，沙特没有一套中央标准来规范学前教育环境，这导致城乡办学条件与管理体制差异更为明显。再次，教育部对学前教育干预较少，不强调为学前教育提供多样化的服务，所以，幼儿园的教学时间大约只有半天，缺乏课后计划，在乡村地区，学生课后没有可利用的社会资源，难以保障学习与阅读的时间，这进一步拉开了城乡儿童的学前教育差距。最后，从师资质量来看，沙特学前教育教师必须持有学前教育学士学位，然而，在一些民办院校和农村地区，这一要求并非强制的，具有其他学科学士学位的教师也可从事学前教育教学工作，这进一步加剧了城乡学前教育师资专业性和质量的不平衡。[1]

城乡学前教育发展不平衡的问题在短时间内难以得到明显改善。目前来看，沙特没有出台专门政策直接应对学前教育的城乡差异问题，而是采取统筹加大教育财政投资、利用数字化资源、引入民间办学力量等综合措施来促进学前教育的整体发展，进而带动城乡学前教育事业的均衡化。

三、加大师资培训力度

并不是所有的沙特学前教育教师都具备必要的资格或参加过专业的培训，沙特学前教育教师资质差异大，这在特殊儿童教育方面表现尤为突出。

---

[1] 资料来源于宏观趋势（Macro Trends）官网。

在培训对象方面，沙特学前教育师资培训的主要对象为一线教师，针对幼儿园园长等管理人员的管理与领导力的专业培训较少。托管机构和幼儿园的管理队伍对学前教育整体质量的重要性也是不言而喻的，因此，这一方面的培训不足，限制了沙特学前教育的发展。同时，学前教育督导人员配备情况和相关培训都较为薄弱，沙特大部分学前教育的督导主管曾是普通教育或学前教育工作者，虽有丰富的课堂教学经验，但这并不意味着他们拥有学前教育督导管理方面的专业技能。

目前，沙特正在加大师资培训的力度，帮助教师合理应用数字化资源，为教学实践赋能助力。但是在学前教育需求多样化的背景下，还需要采取进一步措施应对学前教师培训不足的问题。

第五章 基础教育

第一节 基础教育的概况和发展

一、基础教育各阶段概况

沙特的基础教育分为三个阶段，即小学教育（6—12 岁）、初中教育（12—15 岁）和高中教育（15—18 岁）。其中，小学阶段和初中阶段属于义务教育，沙特自 2004 年开始正式实行九年制义务教育。

小学教育为期六年（一至六年级），向所有沙特儿童开放，所授课程较基础，包括阿拉伯语、伊斯兰研究、数学、科学、艺术；到了高年级阶段，则会引入英语、社会研究、计算机等科目。近年来，政府已先后允许私立学校和公立学校的女生修习体育课。在六年级结束时，符合学业要求的学生会被授予普通小学结业证书。

沙特的初中教育持续三年（七至九年级），课程设置与小学阶段基本一致，课程难度加大，包括阿拉伯语、英语、伊斯兰研究、地理、历史、数学、科学、计算机、体育。初中毕业时，符合学业要求的学生将被授予初中教育结业证书，获得该证书是学生升入高中的必要条件。

高中学制为三年（十至十二年级），学生在该阶段被分流为三个方向，即普通高中教育、宗教教育、职业教育。第一，接受普通高中教育的学生会在十年级统一学习基础核心课程，然后在十一年级进行文理分科。普通高中学习的科目与初中基本一致，主要是阿拉伯语、英语、数学、伊斯兰研究、地理、历史、生物、化学、物理、计算机、体育等。学业合格的学生将在毕业时被授予普通高中教育结业证书，获得该证书是进入大学的条件。第二，与普通高中教育相比，宗教教育增加了大量伊斯兰研究课时。学生在教育部下属的宗教学校学习，需要能够背诵整本《古兰经》。第三，职业教育由技术和职业教育委员会（以下简称技职委）监办的职业学校提供。技职委是一个独立机构，由政府和私营企业代表组成的董事会管理，直接管理技术学院和中等职业学校，负责制定相关的国家标准和设计相关的课程。除开设一般的学术科目外，职业学校还提供特定职业的理论学习和实践培训。宗教教育和职业教育的毕业生分别被授予宗教学校高中教育证书、职业学校高中文凭，获得以上两种证书者都可申请继续接受高等教育，但与普通高中教育结业证书持有者相比，其学术道路选择较为局限。

二、基础教育的发展变化

在很长一段时间内，沙特的现代教育工作都是围绕基础教育展开的。1952 年，教育主管部门更名为教育部，负责规划和监管男孩的基础教育事务，统管小学、初中、高中三个学段。伴随着这一名称的变更，沙特现代教育行政管理体系也愈发完善，这极大推进了沙特基础教育的现代化进程。1959 年，沙特女子教育总局成立，这在沙特基础教育发展史上具有里程碑的意义。

2015—2019 年，沙特基础教育阶段各类型学校的数量均有较大涨幅。具体来看，学校总数的增长率约为 17%，公立学校数量的增长率约为 14%，私立学校数量的增长率约为 24%，外国学校数量的增长率则接近 50%（见表 5.1）。[1] 本书第一章指出，引进外籍劳动力是沙特政府缓解本国劳动力不足、发展经济的重要举措，而基础教育阶段的外国学校数量涨幅较大，恰反映了外籍人口增多的趋势。

表 5.1 2015 年和 2019 年沙特基础教育阶段学校数量

单位：所

年份	总数	公立学校	私立学校	外国学校
2015	32 668	26 926	4 163	1 579
2019	38 150	30 623	5 159	2 368

如今，沙特的基础教育普及率已经达到了相当高的水平，自 2017 年以来，中小学入学率均保持在 90% 以上，与西方发达国家基础教育入学率基本持平（见表 5.2）。[2]

表 5.2 2016—2020 年沙特基础教育入学率

年份	2016	2017	2018	2019	2020
小学教育入学率	96.6%	95.2%	94.5%	94%	92.9%
中学教育入学率	89.7%	90.6%	96.4%	97.6%	96.2%

---

[1] 资料来源于奈特·福兰克官网。

[2] 资料来源于联合国教科文组织官网。

第二节 基础教育的特点

一、基础教育的福利性

福利性是沙特教育的一大特点，沙特政府的教育财政支持基本贯穿了全学段，其中包括了基础教育。根据世界银行公布的数据，沙特2021年的教育投入共约18万亿里亚尔，约占国家财政预算总投入的20%，[1] 位列各类投入第一。

沙特的公立基础教育体系是最能体现其教育福利性特征的领域，主要表现为公立基础教育有充足的财政资金支持。公立中小学的学生除了能够享受免费的基础教育，还能够享受免费的医疗服务，同时有机会获得高额的政府奖学金。

二、私立教育快速发展

私立教育的快速发展逐渐成为沙特基础教育领域的一大趋势。近年来，沙特政府开始呼吁国内私人资本投资基础教育事业，政府采取了实质性的激励措施来帮助私立学校提高入学率。首先，沙特允许一部分基础教育学段的私立学校提供国际课程，增设新的学习资源以及课外活动来作为国家课程体系的补充，这项措施对于希望在接受国家课程体系的基础上获得私立学校补充课程的沙特学生来说，是非常有吸引力的。其次，沙特政府开始允许本国国民进入私立国际学校学习，并允许在基础教育领域开设100%

---

[1] 资料来源于宏观趋势（Macro Trends）官网。

由外资占股的企业。最后，沙特的教育质量保障机构——教育评估委员会开始将私立基础学校纳入了监督和审查工作，并向公众公布教育评价的结果。以上这些措施可能会促使更多的沙特父母将孩子送入私立基础学校。[1]沙特政府也对私立基础学校的学生提供了大量的政策性补贴和奖学金。[2]在以上措施的刺激下，沙特私立基础学校的数量和招生人数都持续增加，并且预计还会进一步上涨。值得注意的是，随着学生总人数的增长，学生对私立基础教育偏好也有所增加。

2016年，国家私有化中心颁布了促进教育等公共领域私有化的相关改革措施，从而减少基础教育事业发展对国家财政的依赖程度并提高学生学习成绩。[3]对于一向主张"国家办教育"的沙特来说，这是国家教育理念的一次重大转变。

三、女性教育地位提高

基础教育阶段的女性教育始终是沙特教育发展备受关注的一个议题，沙特在全球理念和宗教传统的平衡之间探索性别平等之道。2017年，联合国教科文组织在相关倡议中指出，教育是实现性别平等的有力手段，更具包容性和公平性的教育体系有利于提高女性在社会、政治与经济生活中的话语权。[4]沙特积极回应这一国际倡议，推动女性教育事业的发展。

2017年，为了让年轻女孩拥有更健康的身体和生活方式，沙特教育部决定于2017—2018学年起在基础教育女子学校开设体育课程，并要求有能

---

[1] HOTEIT L, HACHEM M, ERKER C, et al. Where to invest now in GCC private education[R]. Boston: The Boston Consulting Group, 2018.

[2] 李国强. 福利政治视域下沙特王国国民教育评析 [J]. 比较教育研究，2021，43（1）：68-75.

[3] 资料来源于安永全球官网。

[4] 资料来源于联合国教科文组织官网。

力建设标准化体育馆的学校配备足额且资质过关的教练。为女生开设体育课程被视为历史性的创举，这一举措与沙特"2030年愿景"中关于推进全民参与体育运动的目标息息相关，它使得传统观念对女性教育的限制松动，为女性争取到了更多的自由与机会。[1] 此外，沙特政府开始鼓励部分公立初高中女子学校聘用男性教师进行授课，这可以说是沙特女性教育向前迈进的一大步。[2] 过去，沙特一直严格禁止基础教育机构的男女教师混合教学、男女生同校教育。而进入21世纪以来，沙特教育部试图通过打破性别隔离，实行男女同校来促进性别平等。

四、重视特殊教育

严格说，沙特并不存在高等教育学段的特殊教育，特殊教育仍然是基础教育阶段的重要事业。沙特不断优化本国的特殊教育体系，让更多的残障学生获得受教育的机会、拥有良好的学习环境。

1960年，沙特政府为盲人开设了第一所特殊学校——埃勒诺学校，这为沙特公共特殊教育事业奠定了基础。两年后，中央教育行政管理部门设立了特殊教育司，为视力、听力或智力障碍的沙特公民提供特殊教育。1972年，沙特特殊教育司下设了三个专门机构，分管视力障碍、听力障碍和智力障碍学生的教育事宜，自那时起，沙特的特殊教育领域迎来了高速发展。[3]

为进一步规范和完善国家的特殊教育体系，2001年，沙特制定了《特殊教育项目规章制度》，以确保每位学生都能根据自己的需求得到适宜的特

---

[1] 资料来源于阿拉伯新闻官网。

[2] 资料来源于《沙特公报》官网。

[3] ALDABAS A. Special education in Saudi Arabia: history and areas for reform[J]. Creative education, 2015, 6(11): 1158-1167.

殊教育。[1] 2008 年，沙特签署了《残疾人权利公约》，呼吁要在特殊教育领域倡导包容性。[2] 沙特积极回应有关包容性教育的倡议，在教室与教材的设计过程中考虑残障学生的特殊需求，使其能够在安全、便利的环境中学习，并采用更为灵活、高效的学习方式。

时至今日，沙特已成为将特殊教育作为主要教育领域的国家之一。由教育部特殊教育司支持的特殊教育日校和条件完备的普通学校特殊教育班级，共同为有需要的沙特学生提供受教育机会。"2020 年国家转型计划"中提出了教育部的首要战略目标：将受益于特殊教育项目的 6—18 岁沙特学生从 77 575 名提高到 200 000 名，以实现为所有学生群体提供教育服务的目标。[3] 可见，特殊教育在沙特基础教育阶段享有较高的地位。

五、在经济转型发展的宏观背景下统筹推动教育改革

2016 年，沙特政府颁布了"2030 年愿景"。"2030 年愿景"展现了沙特的教育改革与经济改革之间高度的关联性，教育部门作为该愿景最重要的支柱部门之一，已将培养具备就业市场所需技能和价值观念的人才确定为首要目标。

将优质教育与经济效益结合起来，将教学视为一项促进个人和国家经济增长的功能性投资。[4] 从基础教育阶段开始，大力发展职业教育、培养应用型人才成为沙特的选择。沙特政府推出了"国家劳动力通道计划"，将求

---

[1] ALDABAS A. Special education in Saudi Arabia: history and areas for reform[J]. Creative education, 2015, 6(11): 1158-1167.

[2] BIN-BATTAL M. Special education in Saudi Arabia[J]. International journal of technology and inclusive education, 2016, 5(2): 880-886.

[3] 资料来源于沙特教育部官网。

[4] BECKER G S. Human capital: a theoretical and empirical analysis, with special reference to education[M]. New York: Columbia University Press, 1964.

职者和招聘者聚集在一起，提供有效的就业和培训服务，为学生提供平等的就业机会。[1]

　　教育的数字化转型是沙特在后石油时代推动教育发展的一大举措，着力为学生提供高质量的智能学习系统。在此契机下，教育部提出了一项名为"未来之门"的倡议，通过为中小学学生和教师统一配备平板电脑等智能学习设备，鼓励教师应用数字化教学模式来促进现代化学校建设。当前，沙特学校的传统学习环境已经发生了转变，领先的教学设备和教学评价方式已经逐步应用到了课堂之中。2004 年，沙特政府正式启动塔维尔（Tatweer）项目，塔维尔项目又称阿卜杜拉国王公共教育发展项目，是沙特影响最为深远的改革方案之一。"Tatweer"一词可以直译为"发展"，该项目的目标是提高教学质量，回应社会各界对教育系统进行全面改革的呼吁。一直以来，沙特教育系统的行政权力都是高度集中的，但塔维尔项目主张下放教育行政权力，通过给学校更多的自主权来提高教育决策的灵活性和有效性。该项目的重点还包括关注学习者的需求，采用以学习者为中心的教学方法。与以往的局部改革举措不同，塔维尔项目是一次针对沙特教育系统，尤其是基础教育系统的全面性改革。

　　塔维尔项目实行之前，针对沙特传统学校教育的批评主要有：各级各类基础学校课程过于强调宗教研究，以至于忽视了社会科学和自然科学知识，且传统课堂中缺乏创造性和实践性的内容，陈旧的课程知识体系和教学方法导致沙特学生在毕业时难以具备就业市场所需的知识和技能水平。为了解决以上问题，塔维尔项目要求充分利用现代科技、开发学校课程、重新认证教师资格、给予教师更大的自主权，全面改善沙特的教育系统，[2]更重要的是要确保沙特的学生具备沙特社会倡导的价值观与意识形态，能

---

[1] 资料来源于 TAQAT 公司官网。

[2] KAMAL A. Enabling factors and teacher practices in using technology-assisted project-based learning in Tatweer schools in Jeddah, Saudi Arabia[D]. Manhattan: Kansas State University, 2012.

够融入日益全球化的社会之中，并掌握应对全球化带来的复杂问题的必要技能。塔维尔项目的四个基本目标是：提高教师技能、改进课程设置、丰富校园活动、改善学校基础设施。[1]

这次改革项目是沙特教育政策的一个重大转变，一些沙特学者认为该项目已经取得了较大进展。例如，时任教育大臣费萨尔·本·阿卜杜拉·本·穆罕默德王子曾表示，自他出任教育大臣一职来，沙特教育取得了许多成就，而塔维尔项目就是其中的一项。沙特目前已经修订了基础教育阶段的课程，并建造了配备有必要基础设施的新式中小学。[2]但塔维尔项目也因其存在对教师关注不足等问题而面临批评。

第三节　基础教育的挑战和对策

一、宗教传统和现代教育理念的冲突及对策

对于以宗教立国的沙特来说，其推行教育改革的思想基础是宗教，但沙特教育改革面临的一个长期难题也正是宗教传统和现代教育理念之间的冲突。早在 1990 年，许多沙特商人便在呈交给统治者的请愿书中呼吁对国家的教育体系进行全面的审查和改革，以便沙特能够培养出有能力在新时代建设强大国家的忠诚国民。20 世纪 80 年代前，人口增长的压力与经济形势的转变使国家教育改革迫在眉睫。随着就业者数量的增多，就业市场竞争愈发激烈，许多沙特毕业生不再局限于在政府部门就职，开始

---

[1] ALLMNAKRAH A, EVERS C. The need for a fundamental shift in the Saudi education system: implementing the Saudi Arabian Economic Vision 2030[J]. Research in education, 2020, 106(1): 22-40.

[2] ALLMNAKRAH A, EVERS C. The need for a fundamental shift in the Saudi education system: implementing the Saudi Arabian Economic Vision 2030[J]. Research in education, 2020, 106(1): 22-40.

将目光转向私营部门，然而沙特的私营部门发展状况不佳，传统的宗教教育也未能使求职者具备在私营部门就职所需的英语水平和实际工作能力。如何平衡沙特宗教传统与现代教育理念之间的关系是一个亟待解决的问题。[1]

2011年，沙特教育部宣布要将宗教课程的六个模块整合为一门课程。此举引发了保守派教师的强烈反对和公众的施压，该计划最终被放弃。尽管如此，此次改革计划也产生了一些积极影响，它为各利益相关方提供了一个沟通对话的平台，允许公众参与到政策的决议中来，为现代教育改革打下了更好的基础。[2] 2001年以后，沙特逐渐开始审查和改革其教学内容、结构和可行性，为学生提供倡导宽容和温和的宗教教育，以及适应劳动力市场的现代教育。[3]

二、学生学业表现与国家教育投入失衡及对策

尽管沙特政府在教育领域的财政投入约占其财政总投入的20%，远超经济合作与发展组织成员的平均水平，但沙特的实际教育水平仍有待提高。在2018年举办的国际学生评估项目（Program for International Student Assessment，以下简称PISA）中，沙特学生的数学、阅读和科学评分分别为373分、399分和386分，而经济合作与发展组织成员的单科平均分数约为500分。虽然沙特的基础教育普及率已达到较高水平，初等、中等教育入学率分别为95%、96%，但是教育质量仍需改善。[4]

---

[1] PROKOP M. Saudi Arabia: the politics of education[J]. International affairs, 2003, 79(1): 77-89.

[2] AL-OTAIBI N. Special report Vision 2030: religious education reform in the Kingdom of Saudi Arabia[R]. Riyadh: King Faisal Center for Research and Islamic Studies, 2020.

[3] 资料来源于威廉玛丽学院官网。

[4] 资料来源于奈特·弗兰克公司官网。

为了扭转在 PISA 中大幅落后于经济合作与发展组织成员平均水平的局面，沙特采取了相关措施。2019 年，沙特政府与世界银行共同举办研讨会，重点研究沙特学生在 PISA 中的表现，并向利益相关者公布了讨论结果，明确了沙特基础教育现阶段最重要的问题，提出要通过学习国际上更为优秀的数学教学方法来提高沙特基础教育的数学教育质量。时任教育评估委员会主席的沙特王子费萨尔·本·阿卜杜拉·马沙里强调了通过积极参与国际测试使沙特基础教育与世界其他地区教育保持同一水平的重要性。[1]

2019 年 1 月，沙特教育部宣布，从 2019—2020 学年开始，沙特公立中小学开设批判性思维、哲学、金融知识和法律课程，[2] 改变传统教学中死记硬背的情况，希望学生掌握实际技能。2020 年 8 月，沙特教育部宣布于 2021 年开始在中小学试点"路径系统"。该系统将传统的文理学科分类扩展为六个学术和职业路径，包括科学、计算机与工程科学、健康和生命科学、人道主义、商业管理、伊斯兰教法，[3] 以更好地回应国家的人才需求。

三、外籍生源流失严重及对策

由于沙特自 2017 年开始征收外籍人士税，一些在沙特工作的外籍人士选择将家人送离沙特或者与家人一同离开沙特，这导致除了个别声誉良好、设施先进的学校外，沙特很多中小学的入学人数大幅下降。同时，外籍人员流失导致沙特教师人才储备不足，进而造成了教师招聘成本的增加，这可能影响学校正常办学。

---

[1] 资料来源于阿拉伯新闻官网。

[2] 资料来源于牛津商业集团官网。

[3] 资料来源于阿拉伯新闻官网。

　　为此，教育部于 2019 年颁布了限制国际学校及私立学校费用的相关法令，以遏制学费逐年上涨的情况。其中，基础教育阶段的国际学校学费多为每年 35 000 里亚尔及以上，学费上限为每年 60 000 里亚尔，而私立学校的学费标准则是每年 15 000—40 000 里亚尔。[1] 此项法令的实施缓解了外籍家庭父母们的经济负担，使得部分外籍家庭学生能够继续在沙特完成学业。同时，沙特在增加教师储备和保证师资质量方面也做出了诸多努力。《沙特阿拉伯教育部十年计划纲要（2004—2014 年）》就已提出一系列旨在促进教育体系发展和提高教师质量的改革措施，如提供教师培训项目、激励模范教师、评估教师教学能力等。[2] 近年来，教育部推出了新手教师培训计划并于 2020 年颁布了教师标准，对教师进行筛选和认证。

　　总之，沙特经济的转型离不开国民教育的改革与发展。沙特政府持续关注与支持基础教育事业，重视基础教育领域内的性别平等、教育现代化等问题，广泛宣传教育政策，努力建设与经济发展相辅相成的现代基础教育体系。

---

[1] 资料来源于海湾新闻官网。

[2] DAKHIEL M. Saudi Arabian educational reforms: a road from traditionalism to modernization[J]. British journal of education, 2017, 5(7): 69-82.

第六章 高等教育

高等教育是沙特教育体系的重要组成部分。高等教育既是沙特教育改革发展的重要领域，又与沙特的国家经济转型发展息息相关。本章从普及程度、学制、院校情况、招录制度、科研情况、国际合作等方面呈现沙特高等教育的发展现状，在此基础上探讨沙特发展高等教育的特点与经验、挑战和对策。

第一节 高等教育的现状

一、普及程度

沙特高等教育的毛入学率在 1995 年为 16.78%，而到了 2013 年，沙特高等教育的毛入学率达到 52.24%，这两个入学率数值分别代表沙特高等教育进入大众化阶段和普及阶段。到 2020 年，沙特的高等教育毛入学率已达70.63%（见图 6.1），沙特高等教育的普及程度在世界上处于领先地位。[1] 中

---

[1] 资料来源于世界银行官网。

国国际贸易促进委员会的报告显示，沙特高等教育毛入学率高于其他海湾阿拉伯国家合作委员会成员。[1]

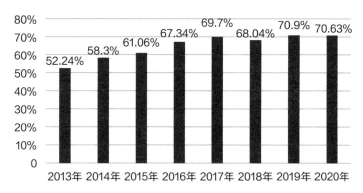

图 6.1 2013—2020 年沙特高等教育毛入学率

自 2015 年起，沙特高等教育注册学生总数超过 150 万名。在注册学生总数的变化方面，2014 年增幅最大，达到 10.3%；其次为 2016 年，达到 6.2%；然而，2018 年注册学生数量较 2017 年相比，出现了降低的情况，减少了 3.6%（见图 6.2）。[2]

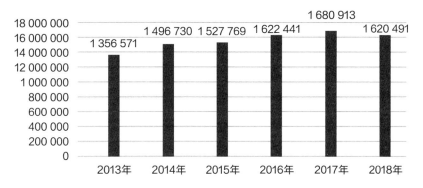

图 6.2 2013—2018 年沙特高等教育注册学生人数

[1] 中国国际贸易促进委员会北京市分会. 沙特阿拉伯投资参考手册 [EB/OL]. [2022-06-23]. http://www.ccpitbj.org/web/static/articles/catalog_ff80808160263e4a016043b4a361008f/article_ff8080816da92f5b0173c2816fe13119/ff8080816da92f5b0173c2816fe13119.html.

[2] 资料来源于沙特教育部官网。

在注册学生的院校分布方面，2013—2018年，在沙特的各类高等教育机构中，公立高校的注册学生数量最多，且一直维持绝对优势地位，年均占比保持在84%以上。在性别分布方面，2013—2018年，沙特高等教育注册学生中男性始终多于女性，但男女比例的差距逐年缩小，到2018年，沙特高等教育的性别平等指数为0.977，换言之，男性学生比女性学生仅多2.36%，沙特高等教育阶段学生的男女比例已较为均衡（见图6.3）。[1]

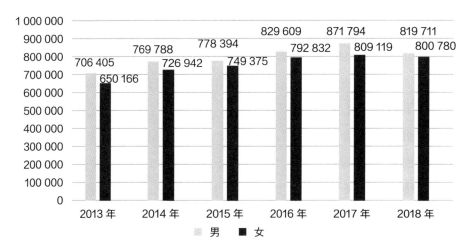

图6.3 2013—2018年沙特高等教育注册男女学生人数

二、学制

沙特的高等教育体系与美国相似，包含副学士学位、学士学位、硕士学位、博士学位四级学位。此外，还有文凭课程和研究生文凭课程。

为了使沙特的高等教育资格体系标准化，并更好地融入国际社会，与

---

[1] 资料来源于沙特教育部官网。

其他国家实现资历互认，沙特政府于 2018 年颁行了国家资历框架（高等教育的部分见表 6.1）。[1]

表 6.1 沙特高等教育资历框架

资格水平	相应学位 / 证书
10	博士学位
9	硕士学位
8	高级文凭
7	学士学位
6	副学士学位 / 大专文凭
5	高等教育副学历文凭

沙特高等教育阶段划分和相应修习年限如图 6.4 所示。

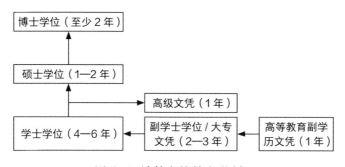

图 6.4 沙特高等教育学制

高等教育副学历文凭（Associate Diploma）：学生完成中学教育后可申请该项目，学制 1 年，需修习 30 个学分。这类学位项目的定位是将普通教育延伸至中学后阶段，帮助学生获得行政岗位或部分领域专业岗位的就业

---

[1] 资料来源于世界教育新闻与评论官网。

能力。如果学生有志继续接受高等教育，该学位也能为他们打好基础。

副学士学位/大专文凭（Associate Degree/Junior College Diploma）：学制为2—3年，主要由技术学院和大专学院开设。学生需要修习60—90个学分。这些项目要么以就业为导向，开展技能培训，要么作为学士学位项目的预备学习阶段，为学生提供通用的基础知识。未完成学士学位项目的学生也可获得副学士学位/大专文凭。

学士学位（Bachelor's Degrees）：大学本科的大多数专业学士学位项目学制为4年，包含至少120个学分，毕业要求为平均学分绩点不低于2.0（满绩为5.0）。工程、建筑、药学等专业的学制为5年。医学教育学制为6年，外加1年的强制性临床实习，授予医学和外科学士学位，该专业的毕业生若要成为执业医生，还需要通过沙特卫生专业委员会组织的医学执照考试。部分专业可能设有预科教育。

高级文凭（Higher Diploma）：如不符合硕士学位项目的录取条件，或不希望从事研究工作的学士学位持有者，可申请该学位。高级文凭的短期研究生课程学制通常为1年，学生需修习24个学分。

硕士学位（Master's Degree）：平均学分绩点高的学士才能入学攻读该学位，硕士学位攻读年限通常为1—2年。研究型项目的学生需修习24个学分，完成1篇论文；其他类型项目的学生需修习39个学分，完成1个实践项目。毕业要求为平均学分绩点不低于3.0。

博士学位（Doctoral Degree）：学生获得硕士学位后才能入学攻读该学位。博士学位攻读年限至少为2年，通常包括12—30学分的课程、毕业论文和答辩。最常见的类型是哲学博士，此外还有工程博士、工商管理博士等专业博士学位。

沙特绝大多数高等教育阶段学生修习本科学士学位课程。以2018年的数据为例，沙特近162万名高等教育学生中，攻读学士学位的学生最多，占比84.4%；其次为攻读中级文凭（即表6.1中的第5—6级，包括高等教育副学历文凭和副学士学位 / 大专文凭）的学生，占比约 12.1%；再次为攻读硕士学位的学生，占比约 2.4%；攻读高级文凭的学生占比约 0.6%；攻读最高学历层次（博士学位）的学生占比仅约为 0.5%；另有不到 0.1% 的学生就读医学研究生项目。同样以 2018 年的数据为例，学生数量最多的学科大类为"商业、行政和法律"，占比近 30%；其次为"普通课程和资格"类，占比约 10.2%；"健康和福祉""自然科学、数学和统计学""教育"三个大类学生占比均在 8% 左右；"工程、制造和建筑""通信和信息技术"占比均约 6%；"服务"和"农业、林业、渔业和兽医等"两类的总占比约 1.3%。[1]

三、高等院校

沙特的高等教育机构主要有三种类型：大学、学院、职业教育机构。

大学是沙特高等教育的主体。沙特共有 67 所大学，其中公立大学 29 所、私立大学 38 所。公立大学通常规模较大，学院（部）多，为研究型学校；私立大学往往规模小，学术领域更加专门化，办学定位突出实用性，主要开设工程、计算机科学、医学、商学等领域的学位项目，只有少数私立大学会开设人文和社会科学的学位项目。

沙特公立大学对本国学生免学费，但私立大学本科项目的学费可能高达 25 000 美元 / 年。这意味着，尽管沙特政府通过提供公共土地、提供奖学金等措施对私立高校和就读学生进行支持，但私立大学的学生主要来自富裕家庭。私立大学倾向于使用英语授课，这深受富裕和权贵家庭喜爱。在录取标准方面，私立大学的录取标准比公立大学宽松。此外，沙特的公立高等教育事业深受宗教传统影响，沙特拥有世界上著名的伊斯兰大学，这些学校提供宗教学科和世俗学科的本科和研究生课程。

---

[1] 资料来源于世界教育新闻与评论官网。

除了大学，沙特还有各种初级学院和社区学院。这些学院大部分由政府开办，有许多附属于公立大学，另有 42 所以健康卫生为主要办学特色的私立学院。学院的录取标准通常较低，开设两年或三年的文凭（Diploma）项目和副学士学位（Associate Degree）项目。除了向学生授予文凭或副学士学位，这类学院还有一项重要职能：帮助学生获得升读大学学士学位项目的机会。

几乎所有的沙特公立大学都实行性别隔离教育，因而沙特有不少专门的女子大学或附属女子学院。教师教育是女子学院的主要学科方向，大多数女子学院只提供本科项目。2004 年，数所女子学院合并成为沙特第一所公立女子大学，后于 2008 年命名为努拉·宾特·阿卜杜拉赫曼公主大学。沙特的第一所私立女子大学是埃法特大学，成立于 1999 年。[1]

沙特教育部资料显示，沙特最早的公立高校是乌姆·古拉大学，建于 1950 年。沙特最早的私立大学是在 1950 年成立的阿拉伯开放大学。新旧世纪之交是沙特建设私立高校的高峰时期。[2]

沙特政府非常重视本国大学所获得的国际评价，沙特教育部每年会在官方网站公布本国大学的世界排名情况。[3] 沙特政府对排名结果的宣传与解读成为了解沙特高等教育改革发展价值观的一个维度。

综合泰晤士高等教育世界大学影响力排名（Times Higher Education World University Rankings，以下简称 THE）、QS 世界大学排行榜（QS World University Rankings，以下简称 QS）、US News 世界大学排名（US News：Best Global Universities，以下简称 US News）、软科世界大学学术排名（Academic Ranking of World Universities，以下简称 ARWU）四个排名系统的结果，沙特高等院校的表现不俗，有 33 所大学至少登上一种榜单

---

[1] 资料来源于世界教育新闻与评论官网。

[2] 资料来源于沙特教育部官网。

[3] 资料来源于沙特教育部官网。

（见表 6.2 ）。[1]

2022 年，在 THE 推出的"联合国可持续发展目标 4——优质教育"排名中，阿卜杜勒·阿齐兹国王大学位列全球第 2；穆罕默德·本·法赫德王子大学和努拉·宾特·阿卜杜拉赫曼公主大学的排名在 101—200；5 所沙特大学排名在 201—300，另有 2 所大学进入世界前 400 名。[2]2019 年，9 所沙特大学进入 QS 排名，2022 年增长至 14 所。其中，阿卜杜勒·阿齐兹国王大学、沙特国王大学、法赫德国王石油矿产大学，在工程、技术、医学、社会科学和管理方面的全球排名位于 51—319。其他上升较为明显的学科包括：工程和技术、医学、社会科学与管理学、人文艺术。沙特政府指出，排名的进步是沙特教育部和大学共同努力的结果，沙特正在努力构建能够培育国民、复兴国家的教育体系，使沙特大学跻身国际前列是实现这一目标的重要手段。[3] 以上排名情况说明，沙特高等教育的学科发展在国际范围内具有了一定影响力。

表 6.2 沙特大学在四大排名中的表现 [4]

序号	校名	主要排行榜表现 （均发布于 2021 年）	世界排名	国内排名
1	阿卜杜勒·阿齐兹国王大学	THE	190	1
		QS	109	1
		US News	44	1
		ARWU	101	1

---

[1] 资料来源于大学专家（universityguru）官网。

[2] 资料来源于大学专家（universityguru）官网。

[3] 资料来源于《调查日报》（*Siasat Daily*）官网。

[4] "—"表示相应学校未进入该榜单排名。

续表

序号	校名	主要排行榜表现（均发布于2021年）	世界排名	国内排名
2	法赫德国王石油矿产大学	THE	351	4
		QS	163	2
		US News	445	4
		ARWU	401	4
3	沙特国王大学	THE	351	5
		QS	277	3
		US News	266	3
		ARWU	101	2
4	乌姆·古拉大学	THE	601	7
		QS	447	4
		US News	1 490	11
		ARWU	—	—
5	伊玛目阿卜杜拉赫曼·本·费萨尔大学	THE	801	8
		QS	521	5
		US News	1 132	6
		ARWU	—	—
6	哈立德国王大学	THE	801	9
		QS	651	6
		US News	1 172	8
		ARWU	801	5
7	费萨尔大学	THE	201	2
		QS	—	—
		US News	—	—
		ARWU	—	—

序号	校名	主要排行榜表现（均发布于 2021 年）	世界排名	国内排名
8	哈伊勒大学	THE	351	3
		QS	—	—
		US News	—	—
		ARWU	—	—
9	费萨尔国王大学	THE	1 001	11
		QS	801	12
		US News	1 314	9
		ARWU	—	—
10	塔布克大学	THE	401	6
		QS	—	—
		US News	—	—
		ARWU	—	—
11	沙特·本·阿卜杜勒阿齐兹国王健康科学大学	THE	801	10
		QS	—	—
		US News	1 149	7
		ARWU	—	—
12	卡西姆大学	THE	1 201	14
		QS	801	10
		US News	—	—
		ARWU	—	—
13	阿卜杜拉国王科技大学	THE	—	—
		QS	—	—
		US News	97	2
		ARWU	201	3

续表

序号	校名	主要排行榜表现（均发布于2021年）	世界排名	国内排名
14	吉达大学	THE	1 001	12
		QS	—	—
		US News	—	—
		ARWU	—	—
15	塔伊夫大学	THE	1 201	13
		QS	—	—
		US News	1 440	10
		ARWU	801	6

专业排名方面，阿卜杜勒·阿齐兹国王大学和沙特国王大学是表现最好的学校，两所学校的多个学科排名位于沙特第一，并在全球范围内位于前列。综合2021—2022年各大排行榜的最优排名结果，阿卜杜勒·阿齐兹国王大学的数学、机器人技术、物理科学、计算机科学、药学与药理学均位于全球前50，法律和社会科学位于全球100—150。沙特国王大学的体育学科和农业学科位列全球前100，教育学科位列前150。[1]

四、录取与考核 [2]

沙特高等院校的录取标准因校而异，但一般具备普通高中教育结业证书者可申请大学，具备职业学校高中文凭者可进入技术学院。大部分学校要求的中学平均学分绩点为3.50—3.75，但一些较好的学校要求申请者的平

---

[1] 资料来源于大学专家（universityguru）官网。
[2] 资料来源于世界教育新闻与评论官网。

均学分绩点在 4.00 以上。沙特大学一般还会要求申请人参加由教育和培训评估委员会组织的一般能力倾向测试（General Aptitude Test）或科学专业学术成就测试（Academic Achievement Test for Scientific Specializations，以下简称 AATSS）。AATSS 主要评估学生生物学、化学、数学和物理学方面的能力。随着国际化的进程加快，一些沙特大学也要求学生提供托福成绩或参加学校组织的面试，从而测试其英语水平。此外，伊斯兰大学的申请者应该是穆斯林。

沙特的一些高等教育机构仅招收单一性别学生。例如，法赫德国王石油矿产大学仅招收男性学生，且设置了严苛的入学要求。据该校记录，每年沙特有超过 12 万名高中理科毕业生，其中有四分之一考生申请该校，但仅有十分之一的申请者能达到入学要求，最终能够被录取的人数更少。也正是因为该校入学标准严格、招生精英化，其毕业生在就业市场上颇具竞争优势，不仅受沙特本地企业青睐，也受到欧美市场的认可。[1]

沙特的大学学业考核采用类似于美国的学分制，本科全日制一年修习 30 个学分，申请四年制学士学位需要完成至少 120 个学分。沙特的大学通常使用 A—F 字母分级量表和 1—5 的平均学分绩点来表示学生的学业成绩。两种评价结果可以相互转换（见表 6.3）。[2]

表 6.3 沙特高等教育学业成绩换算

字母分级量表	平均学分绩点
A—A+	4.75—5.00
B—B+	4.00—4.50

[1] 马青，黄志成. 沙特阿拉伯王国建设世界一流大学体系：动力、战略及实践 [J]. 比较教育研究，2017，39（2）：14-21.

[2] 资料来源于世界教育新闻与评论官网。

续表

字母分级量表	平均学分绩点
C—C+	3.00—3.50
D—D+（特殊情况下）	2.00—2.50
F	1.00

五、科学研究与多元主体参与

本部分以法赫德国王石油矿产大学和阿卜杜拉国王科技大学为例，分析沙特高等教育科学研究和多元主体参与的情况。两所学校均以实用科学技术为导向，一所成立超过半个世纪，一所于近年成立，两个学校展现了不同时期沙特如何通过推动高等教育和科学研究以促进国家发展。

法赫德国王石油矿产大学创建于 1963 年，位于沙特石油产业的中心城市达兰，是沙特政府主办主管的一所工科院校。该校围绕纳米技术、化学、可再生能源、伊斯兰财政、精炼石油化工成立了 5 个科研中心，与企业保持密切合作。法赫德国王石油矿产大学在校内创建高科技园区达兰科技谷，吸引国际知名企业在此建设研发中心。围绕石油化工和地球科学，法赫德国王石油矿产大学与沙特阿美、斯坦福大学确立了关于石油化工和地球科学领域的三边战略合作关系。为了更好地履行社会责任、响应国家发展需求，近年来，法赫德国王石油矿产大学也在探索新的科研领域，将学术研究扩展到工业、商业、政府治理等领域，为高等教育课程在线学习平台、政府工业改革和环境改善项目贡献力量。[1]

---

[1] 资料来源于世界教育新闻与评论官网。

阿卜杜拉国王科技大学建立于 2009 年。阿卜杜拉国王科技大学有明确的办学定位、雄厚的政府资金支持，并享有较高的办学自主权，以上因素使得阿卜杜拉国王科技大学能够大胆创新，在十余年间取得了令人瞩目的发展成就。阿卜杜拉国王科技大学已成为世界上学术研究和论文被引用率增长最快的大学之一。[1] 在沙特激发协同创新的政策环境下，阿卜杜拉国王科技大学与外部利益相关者开展了广泛深入合作，成为将研究型大学科技成果进行转化的典型院校。

阿卜杜拉国王科技大学构建了独具特色的"大学–政府–公民–产业"四螺旋科技成果转化创新实践模式，不同主体频繁互动，促进知识的生产与转移。政府为阿卜杜拉国王科技大学提供经费支持以及良好的研究环境；阿卜杜拉国王科技大学通过技术转移、技术投资、创新知识培训等方式，加强产学合作，促进知识成果的转化；公民将需求及时反馈给各行业，各行业依据吸收到的高校知识成果在社会的监督下，将成果产业化，回馈公民。在整个创新生态圈中，每个主体不是单独存在的，而是与其他主体积极互动，共同促进科技成果的转化，以期创造更大的公共利益。在此过程中，阿卜杜拉国王科技大学发挥主导作用，通过开发多种合作项目、建设科研设施等，促进多元主体参与互动，建立起独具特色的创新生态网络。

六、国际交流与合作办学

根据沙特教育部公布的数据，截至 2021 年 12 月，沙特在教育领域一共签署了 571 份全球伙伴合作协议，共涉及 4 个国际组织、67 个国家。在签署协议的各类国家中，阿拉伯国家 13 个、伊斯兰国家 13 个、缔结友好

---

[1] 资料来源于阿卜杜拉国王科技大学官网。

关系的国家 37 个。高等教育机构方面，沙特一共与 19 所阿拉伯国家大学、40 所伊斯兰国家大学、425 所其他国家大学建立了合作伙伴关系。沙特教育部正在积极吸收全球范围内的先进教育经验，通过构建全球高等教育合作框架来促进本国高等教育的发展。沙特教育部推进国际合作的思路是：跟进了解全球范围内高等教育机构改革发展的最新动态，在此基础上确定沙特开展对外合作的框架。合作的具体路径包括：搭建高校间的国际合作关系、开展人员交流项目、合作研究、设立联合立项课题、组织学术会议、组织暑期访问等。[1]

沙特与二十国集团签署了一项合作协议，该协议的主题是推动二十国集团文化合作。该协议包含关于二十国集团相关知识的迷你课程、社交媒体网络竞赛和文化活动。该协议引导沙特高校师生参与一系列主题活动，使其更好地了解二十国集团，尤其是了解沙特担任二十国集团轮值主席国期间需要尽到的职责。

沙特教育部还与英格兰健康教育局签署了一项科学和教育合作谅解备忘录。双方约定，每年派遣 300 名沙特医生前往英国的医院进修。沙特政府认为，这是沙特医学专业发展的一个重要契机，也是沙特在世界范围内培养其医学人才的机会。沙特教育部还与曼彻斯特大学、伯明翰大学、贝尔法斯特女王大学等多所英国知名大学签署了谅解备忘录，为护理专业和临床专业的学生提供赴英国参加培训的机会。沙特与阿联酋教育部围绕教育电视网络、教育数字化系统、大学合作等主题签署了系列合作协议。两国间高校签署结对协议已有较长的历史，并积累了良好的合作基础，互通互享发展经验、举办学术会议、师生互访等是常见合作方式。

---

[1] 资料来源于沙特教育部官网。

第二节 高等教育的特点

一、充足的财政经费和资源支持

随着石油经济的飞速发展和基础教育体系的不断完善，沙特的高等教育需求持续增长，这成为沙特发展高等教育的现实驱动因素，促使沙特王室和政府重视高等教育，加大对高等教育的投资。政府的大力支持是沙特高等教育发展的一大特色。沙特的教育花费高于大多数阿拉伯国家，在全球范围内，沙特也是教育经费大国。教育一直是沙特政府公共预算中占比最大的门类，教育公共财政投入约占国内生产总值的20%。[1]

沙特希望将本国劳动力在公共和私营部门的比例提高到50%以上，而达成这一目标需要雄厚的资金来支持高等教育的发展。沙特政府在高等教育领域的重点投资方向是鼓励科研创新、建设创新型大学、推动高等教育机构的专业化发展。[2]沙特政府认为，绝不能因为财政预算有限而制约本国高等教育的发展。数据显示，在沙特的第四个五年发展计划期间，人力资源开发的财政预算约为363亿美元；在第五个五年发展计划期间，人力资源开发的财政预算上升至376亿美元；在第九个五年发展计划期间，用于高等教育发展的财政计划拨款达到530亿美元。[3]

沙特王室的高级成员大力支持高等教育发展。在阿卜杜拉国王的指导下，沙特实施了一系列高等教育发展计划，如海外奖学金计划（2005年）、战略发展计划（2009年）、高等教育观察站（2010年）等，这些举措极大提

---

[1] 资料来源于世界教育新闻与评论官网。

[2] QUAMAR M. Education system in Saudi Arabia of change and reforms[M]. Singapore: Palgrave Macmillan, 2021: 149.

[3] QUAMAR M. Education system in Saudi Arabia of change and reforms[M]. Singapore: Palgrave Macmillan, 2021: 158.

升了高等教育的基础设施质量和人力资源质量，使沙特逐渐具备了与全球顶尖高校平等对话和合作的能力。随后，在萨勒曼国王和穆罕默德王储的领导下，在"2030年愿景"框架下，沙特继续扩展高等教育机构合作网络、提高高等教育质量。[1]

二、高度重视科学和技术教育

经过不懈努力，沙特的科技教育日趋完善。沙特强调，科技教育的目标之一是提高民众的科学素养，为国家创新发展提供智力支撑。为此，沙特倡导在基础教育到高等教育的全学段内贯穿科技教育。具体到高等教育阶段，沙特政府积极鼓励科学家和研究人员从事多元领域的研究，尤其是投身可以造福社会的新兴技术领域。

近年来，沙特政府的努力取得了显著成效，沙特的科技教育质量不断提高，科研成果引起了国际社会的广泛关注。根据联合国教科文组织的统计，沙特每百万人口的科学出版物数量从2002年的61篇增加到2008年的71篇；高等教育机构发表的科学论文数量从2000年的1 321篇增加到2008年的1 745篇；沙特公民获得的专利数量也从2003年的19项增加到2008年的30项。[2]

从自然指数（Nature Index）的结果来看，2017年，在中东和北非地区的大学和科研机构中，阿卜杜拉国王科技大学的化学排名第1、地球和环境科学排名第2、物理科学排名第3、生命科学排名第7。2018—2019年，沙特的科研产出排名世界第29位，在中东和北非地区国家中排名第2位，沙

---

[1] QUAMAR M. Education system in Saudi Arabia of change and reforms[M]. Singapore: Palgrave Macmillan, 2021: 135.

[2] UNESCO. World social science report: knowledge divides[R]. Paris: UNESCO and ISSC, 2010.

特高质量科研发表情况最好的大学仍是阿卜杜拉国王科技大学。[1] 值得指出的是，阿卜杜拉国王科技大学作为一所成立于 2009 年的新大学，在如此短的办学历史中取得了上述成绩，充分表明沙特在推动高等教育创新发展、建设以科研为导向的创新型大学方面，走出了一条行之有效的道路。

三、开放办学渠道，支持私立高等教育机构

自 21 世纪以来，沙特政府意识到引导私营力量参与高等教育能够提升本国高等教育能力，降低公共成本，有利于创建更现代、更多元的教育体系。尽管沙特的私立教育机构规模较小，且处于起步阶段，但它将在回应沙特不断增长的教育需求方面发挥越来越重要的作用。据联合国教科文组织统计，2009—2018 年，沙特私立高等教育机构的入学率增加了 64%。[2]

沙特私立高等教育始于 1997 年，沙特政府将土地以低于市价的价格租赁给私立高等教育机构，将私立高等教育院校的学生纳入国家财政补贴范畴。自此，沙特私立高等教育迅速发展，招生人数年增长率为 33%，沙特成为世界上私立高等教育发展最快的国家之一。[3] 进入 21 世纪以后，沙特进一步加大对私立高等教育的支持力度，在政府法律和大学章程的范围内，扩大了私立高等教育机构的资金自主权和课程自主权，私立高等教育机构得以在课程体系方面进行创新，吸引更多男女青年入学。[4] 这项措施对沙特高等教育管理体制改革和促进高等教育领域内的性别平等产生了重要影响。

[1] QUAMAR M. Education system in Saudi Arabia of change and reforms[M]. Singapore: Palgrave Macmillan, 2021: 150.

[2] 资料来源于世界教育新闻与评论官网。

[3] 马青，黄志成. 沙特阿拉伯王国建设世界一流大学体系：动力、战略及实践 [J]. 比较教育研究，2017，39（2）：14-21.

[4] QUAMAR M. Education system in Saudi Arabia of change and reforms[M]. Singapore: Palgrave Macmillan, 2021: 137.

2019 年，沙特政府放开了国外大学到本土办学的限制，[1]但目前仍然没有关于这类机构的公开数据。在沙特的私立大学中，是否会出现一批本土大学与国外大学联合举办的跨国教育机构，甚至是否会有国外大学在沙特独立建设海外分校，是值得关注的话题。

四、设立留学基金，助力高等教育国际化

沙特的留学基金包括鼓励学生走出去留学和吸引海外优秀学生到沙特学习两类奖学金。2005 年，沙特政府设立阿卜杜拉国王奖学金，通过借助海外教育资源，解决国内教师数量短缺、质量低下等问题。该项目最初计划实施 5 年，在国王授权下延期至 2020 年。奖学金包括学业费、月津贴、会议旅行资助、探亲旅费、学业优异额外奖励、奖学金获得者配偶旅费等部分。其中，配偶旅费反映了沙特的宗教特色，根据沙特的法律，如果单身女性获得阿卜杜拉国王奖学金，其父亲或兄长必须陪同前往留学国，陪同者的旅行费用由国家承担。阿卜杜拉国王奖学金产生了立竿见影的效果。从 20 世纪 90 年代末到 21 世纪初，赴国外大学攻读学位的沙特学生有 10 000—12 000 人，在阿卜杜拉国王奖学金的支持下，2011 年，赴国外大学攻读学位的沙特学生数量增加至 52 000 人。[2]截至 2013 年，沙特向海外派遣了超过 12.5 万名留学生，其中大部分人获得了阿卜杜拉国王奖学金。大量在世界顶尖高校接受教育的沙特学子，成长为沙特高等教育改革的领导者和有力推动者。[3]

2019 年，沙特教育部宣布于 2020 年终止阿卜杜拉国王奖学金项目，开

---

[1] 资料来源于《海湾商业》官网。

[2] 资料来源于世界教育新闻与评论官网。

[3] 马青，黄志成. 沙特阿拉伯王国建设世界一流大学体系：动力、战略及实践 [J]. 比较教育研究，2017，39（2）：14-21.

始实施卓越之路奖学金项目。为了更好地实现"2030年愿景"中关于国家和国民全面发展的要求，提高沙特男女青年的科学水平、专业知识和能力，沙特政府继续向沙特公民提供奖学金，支持他们到全球范围内质量卓越的高等教育机构就读。卓越之路奖学金项目的申请者需要满足下列条件：是沙特公民、有良好的社会行为记录、获得指定机构和指定专业本硕博任一层次的无条件录取、到学校的主校区学习、有完整的个人档案等。

与阿卜杜拉国王奖学金项目相比，卓越之路奖学金项目最大的变化在于资助专业更加多样和前沿，被列为重点支持领域的学科有工商管理、体育和体育管理、旅游和旅游管理、酒店管理、公共政策和行政管理、经济和人力资源管理、传媒与传播科学、经济学、海洋科学、国家安全、环境科学、环境管理、人类学、政治学和国际关系、历史、哲学、地理、人力资源和社会服务等。[1] 可见，沙特政府的目光不再局限于石油工程等科技类学科，这体现了"2030年愿景"中沙特关于下一阶段国家发展的规划和构想。

沙特不仅是国际学生的主要输出国，也是备受欢迎的留学目的地，且沙特为外国留学生提供奖学金。2008—2017年，在沙特攻读学位项目的国际学生数从18 725人增加到74 000人。在沙特留学的国际学生大多来自其他阿拉伯国家，以及巴基斯坦、印度等南亚国家。在奖学金保障方面，以阿卜杜拉国王科技大学为例，学校为符合条件的攻读硕博学位的留学生免除学费、提供免费住房、提供医保、提供每年20 000—30 000美元的生活津贴。[2]

---

[1] 资料来源于沙特教育部官网。

[2] 资料来源于世界教育新闻与评论官网。

五、重视高等教育认证和质量保障工作

质量保障是一个伴随高等教育发展始终的重要议题，沙特也不例外。2004 年，沙特成立了全国学术认证和评估委员会。全国学术认证和评估委员会是一个相对独立的第三方质量保障机构，负责对沙特的公立高等教育机构、私立高等教育机构以及专业学位项目进行认证。2018 年，全国学术认证和评估委员会被并入统筹性政府机构——教育和培训评估委员会。教育和培训评估委员会对学校设施、学习材料、师资队伍、研究能力、内部质量保证机制、行政和财政管理结构、学生支持服务等方面进行认证，认证时会参考大学自我评价、入校评价、师生访谈。每次认证的有效期为七年，七年之内，教育和培训评估委员会还会对认证对象进行一系列质量评价。[1] 沙特实施的高等教育认证制度是一种基于第三方专业力量参与高等教育评价的制度，认证机构作为专业组织，在政府和高校之间发挥协调作用。虽然认证机构名义上是第三方独立机构和民间机构，但沙特高等教育认证的工作经费制度和行政管理制度仍然具有鲜明的政府性。[2] 沙特将全国学术认证和评估委员会并入教育和培训评估委员会之后，其政府性进一步增强，这是沙特在学习他国经验和保持沙特特色之间寻找平衡的结果。

第三节 高等教育的问题和对策

一、固有教育资源与新增教育需求之间的供需矛盾

随着沙特国民教育体系日臻完善，民众受教育程度显著提高，高等教

---

[1] 资料来源于世界教育新闻与评论官网。

[2] 熊耕. 美国民间高等教育认证的政府性 [J]. 比较教育研究，2022，44（6）：83-90+108.

育需求随之增加。在这样的背景下，固有高等教育资源和新增教育需求之间的矛盾逐渐扩大。第一，私立大学存在供需矛盾。私立大学由于其师生结构在文化和国籍方面比公立大学更多样，课程选择比公立大学更多，所以更受广大民众欢迎，需求量大。但沙特政府对私立大学在办学土地、学院数量、学生数量、银行担保等方面的要求较高，这可能会导致私立大学所获资源有限，影响私人投资者参与高等教育的热情。第二，部分地区的高等教育资源存在供需矛盾。沙特多数大学和学院分布在中部或西部地区。但随着城市化的进程，沙特北部、西北部、南部的高等教育需求将会增加，如何在这些地区提供更多的高等教育机会是沙特面临的挑战。第三，部分专业在课程开发方面存在供需矛盾。新的生产部门成为沙特经济的前沿，但沙特现行的课程体系注重石油产业相关专业，在项目管理、工业工程、旅游、娱乐、护理等领域的高等教育资源较少，难以为相关行业培养合格人才。第四，奖学金存在供需矛盾。自 2014 年以来油价疲软，沙特政府财政收入受影响，这使得阿卜杜拉国王奖学金项目受助人数大幅下降。沙特政府尚未公布卓越之路奖学金项目的受助数据，但由于资助条件增加，可以估计卓越之路奖学金项目的受助人数不会超过原阿卜杜拉国王奖学金项目的受助人数。可见，虽然沙特公民接触国际教育资源的需求增加，但政府提供的奖学金受助机会已大幅减少。针对这些问题，沙特政府的应对之策是增设高等教育机构、促进优质国际教育资源的流动。

二、中央集权和权力下放之间的矛盾与对策

沙特高等教育改革赋予了高等教育机构在教学模式、课程体系、资源分配等方面更大的自主决策权和办学灵活性。放权的目标是使大学能够更好地顺应国际趋势，更有效地回应社会和学生需求，发挥高校和国民的创

新创业精神。但是，沙特长期以来的中央集权教育管理制度有其惯性，大部分传统高校习惯受中央控制，对于高校应该在多大程度以及哪些事务上享有自主权，他们自身的经验非常有限。换言之，许多高校尚不具备行使自主权的能力和制度基础。

为此，沙特政府的策略是在办学过程中持续更新对高等教育学习性质的认识，跟进评估高等教育发展计划的有效性，根据评估情况及时调整赋予高校的办学自主权，并培养高校行使自主权的能力。沙特政府通过改革高等教育治理模式，探索更有效的政府-高校关系，以期实现"世界一流"的发展目标。[1]

三、文化传统和现代学术愿景之间的矛盾与对策

沙特高等教育中央集权与权力下放之间的矛盾，展现的是沙特文化传统与现代学术愿景之间的矛盾。在漫长的历史发展过程中，沙特形成了遵守标准和规范、集中管理、结构化生活、结构化工作、与伊斯兰教以外世界关联弱的文化传统，这种文化传统对沙特高等教育产生了深远的影响。因此，在沙特进行放权改革的时候，会出现高校难以有效行使自主权的问题。

沙特高等教育改革发展的目标是达到"世界一流"的水平，满足"世界一流"学术水平所必需的认知、行为和组织要求，并坚守文化传统和宗教规范。虽然二者常常会产生矛盾，但他们又非决然的"非此即彼"。高等教育的性别平等问题展现了沙特如何在推动教育改革与继承文化传统之间寻求平衡。直到今天，虽然沙特的基础教育仍然实行严格的性别隔离制

[1] SMITH L, ABOUAMMOH A. Higher education in Saudi Arabia: achievements, challenges and opportunities[M]. Netherlands: Springer, 2013: 135.

度，但沙特的大多数大学已经同时面向男女学生开放，实行男女同校教育。虽然部分男女同校大学内部仍然有性别分离的学院或建筑，且大部分私立学校的课程仍是男女分开授课，但女性学生选择课程的权利已经不再受限，这些举措对于沙特而言是具有变革性的。[1] 沙特推进高等教育性别平等的努力包括：确保男女大学生平等获取图书馆资料和在线科研资源的机会；鼓励女性学者参与到性别隔离大学的课程规划和授课中；促使女性师生能够与学校、学院领导及相关行政部门负责人面对面沟通；确保女性学生有同等的机会接触优秀教师，不因师生性别差异产生区隔；定期调整性别隔离的课程体系，确保男女生课程质量的一致性。[2]

[1] QUAMAR M. Education system in Saudi Arabia of change and reforms[M]. Singapore: Palgrave Macmillan, 2021: 147.

[2] SMITH L, ABOUAMMOH A. Higher education in Saudi Arabia: achievements, challenges and opportunities[M]. Netherlands: Springer, 2013: 171.

第七章 职业教育 [1]

第一节 职业教育的发展和现状

一、职业教育的历史

放眼整个中东地区，在 20 世纪 70 年代以前，教育发展普遍落后，许多国家并未构建起现代教育体制，只有少量清真寺学校教授宗教知识，职业教育的发展更是薄弱。[2] 中东地区国家正式的职业教育起步于 20 世纪 50 年代，这一时期，联合国等在劳动就业方面对该地提供了援助，但职业教育发展仍较缓慢，直到 20 世纪 70 年代，这一地区才建立了几所职业学校，这些职业学校主要为孤儿和贫困儿童提供手工技能培训。

沙特的职业教育起步也很晚。1949 年，沙特政府在吉达开办了第一所初等工业职业教育学校，这标志着沙特职业教育的起步。到 1960 年，沙特全国共有 8 所类似的职业学校，学生总数达 1 259 人。1960 年，利雅得开设了沙特的第一所中等职业学校。入读该类学校要求学生获得初中教育结业

---

[1] 沙特现行的政策体系将职业教育和技术教育并置，通常表达为"技术和职业教育"。本书译介沙特的官方机构时，保留了"技术和职业教育"的原文表达，如重要机构"技术和职业教育委员会"；在一般行文时，全书使用"职业教育"一词。

[2] 曲洪. 中东国家的教育发展 [J]. 西亚非洲，1993（6）：58-64.

证书或者接受过九年的基础教育。除了政府兴办的职业学校外，石油公司设立的培训中心也成为这一时期重要的职业教育机构。1949—1960 年，沙特的职业学校建设情况如表 7.1 所示。[1]

表 7.1 1949—1960 年沙特的职业学校建设情况

建立时间	学校名称
1949 年	吉达工业学校
1954 年	麦地那工业学校
1954 年	利雅得机械学校
1956 年	达曼工业学校
1957 年	利雅得工业研究所
1959 年	胡富夫工业学校
1959 年	布里达工业学校
1960 年	利雅得中等工业学校

1970 年，为满足经济发展对不同人才的需求，沙特政府的政策导向出现了新变化，提出关于职业教育的详细目标，这在沙特职业教育的发展历史上具有里程碑意义。

具体的目标要求包括九点。第一，让个人在公共部门和私营部门的工作领域都能够平等、高效地工作。第二，增加技术人员和熟练工人数量，满足国家人力发展计划的需求。第三，进一步发展职业教育，使个人能够及时跟上科学技术的变化。第四，职业教育要建立在开放的教育系统中，要能够反映学生的心理特征和能力水平。职业学校的学生要有机会继续接受更高层次的教育和培训。第五，职业学校不仅要为学生提供就业所需的

---

[1] ALAKI M A. Industrial vocational education in Saudi Arabia：problems and prospects[D]. Tucson: The University of Arizona. 1972: 150.

工作技能，还要为学生提供获取专业领域内实际工作经验的机会。第六，职业教育体系必须承担起为社会提供所需技能人才的责任，建立起可靠的职业技能人才储备和输送系统。第七，职业学校应当开展一系列褒奖体力劳动的宣传工作，展示职业教育对国家发展的重要价值。第八，通过在全国广泛建立职业学校来缓解国内人口迁移带来的压力和矛盾。第九，职业学校要对学生进行持续追踪，规划学生未来的职业生涯，提供职业技术指导，为国家小型工商业发展做出直接贡献。[1]

为了实现上述目标，沙特政府实施"促进工业学校发展的六年计划"，培养具有职业技术能力和科学素养的职业教育师资队伍，并从国家层面统筹建立工业类学校的教科书和技术参考资料支持体系。在职业教育发展的初期，职业学校的教员只有 3% 是沙特人。沙特教育部曾派大批人员到法国、德国、意大利等国培训，并邀请欧洲专家到沙特提供指导支持。在 20 世纪末，沙特逐渐实现了职业教育教师队伍本土化的目标，沙特籍教师占比极大。[2]

进入 20 世纪 80 年代，沙特政府成立技术和职业教育委员会，统一管理职业教育事业，沙特职业教育进入快速发展阶段。在技职委成立之前，沙特的技术教育和职业教育被划分为不同的领域，分别由不同的部门管理。技术教育的主要内容是学历教育和中等技术教育（包括工业、农业和商业技术培训），由教育部负责。职业教育主要为职业技能培训，主要由两个机构负责：隶属于劳动和社会发展部的职业培训中心和隶属于市政、农村事务和住房部的技术辅助研究所。1980 年以后，与技术教育和职业教育相关的所有事务统一归口技职委，这一变革与当时西方国家的普遍做法一致。1983 年，技职委兴办高等职业教育事业，开设了技术学院。1989 年，沙特开始提供本科层次

[1] ALAKI M A. Industrial vocational education in Saudi Arabia: problems and prospects[D]. Tucson: The University of Arizona, 1972: 151-153.

[2] 史丽清. 沙特阿拉伯王国教育事业概述 [J]. 外国教育研究，1999（4）: 54-56+6.

的职业教育。2006年，技职委开设女子技术学院，沙特职业教育进一步面向女性开放。2019年，技术学院在沙特多地开设分校，沙特的职业教育覆盖面不断扩大。2020年，11所男子技术学院分校转为独立学院，同年，利雅得和吉达开设两所数字学院。[1]

技职委的成立体现了沙特推进职业教育现代化的决心。沙特借鉴了西方国家的理念和模式来发展本国职业教育，和西方职业教育先进国家开展了合作。

二、职业教育的现状

沙特当前的普通教育系统包括学前教育、小学教育、中学教育、高等教育四个教育阶段。在高等教育以前，学段和年龄的对应关系是：学前教育（3—5岁）、小学教育（6—12岁）、初中教育（12—15岁）、高中教育（15—18岁），一共12个学年。

沙特职业教育分为中等职业教育和高等职业教育两个阶段。沙特职业教育和普通教育的对应关系如表7.2所示。其中，中等职业教育包括职业初中教育和职业高中教育两个阶段，分别对应普通教育体系的初中教育和高中教育。表中的"第三等级"在职业教育中分为中学后教育和高等职业教育两个阶段，中学后教育即专科教育，学生中学毕业后接受专科教育，但又未达到本科层次，学制为2.5年。高等职业教育即应用型本科教育，学制5年，由两部分组成，学生先接受2.5年的专科教育，再继续学习2.5年的相关理论课程，即可获得应用型本科学历。[2]

---

[1] Technical and Vocational Training Corporation. Technical & vocational training corporation at a glance[R]. Jeddah: TVTC, Planning & Business Development Sector, 2020-12.

[2] 资料来源于联合国教科文组织官网。

表 7.2 沙特教育系统层次对应关系

教育层次	普通教育	职业教育
第三等级	大学本科	应用型本科教育（2.5 年 +2.5 年）
	—	专科教育（2.5 年）
高级中等教育	高中（3 年）	职业高中教育（3 年）
初级中等教育	初中（3 年）	职业初中教育（3 年）
初等教育	小学（6 年）	—

在国际上，沙特学生的学业表现并不理想，各级教育没有为学生提供能够满足劳动力市场所需要的技能，学生缺乏批判性思维和分析能力。而沙特中等职业教育入学人数极少（见表 7.3）。[1]

表 7.3 沙特参加中等职业教育学生占比

阶段	中等职业教育学生占比	中等职业教育中的女性占比
高级中等教育阶段	3.4%	8.4%
初级中等教育阶段	4.9%	21.9%

（一）职业教育的类型

从资助方式上，可以将沙特的职业教育分为私立和公立两类。私立职业教育主要指私营企业等私营经济生产部门开展的在职培训。私营机构的培训课程通常为期 1 个月至 1 年，多为非全日制培养。随着"沙特劳动力市

---

[1] 资料来源于联合国教科文组织官网。

场国有化计划"（以下简称"沙特化"）进程的推进，私营部门开始在招聘中增加沙特本国人的数量，但沙特职业教育所教授内容和市场所要求的劳动技能存在鸿沟，因而在劳动者入职后对其进行在职培训非常重要。

沙特的公立职业教育由技职委兴办和管理，是沙特提供正规职业教育的主要力量。沙特公立职业教育机构类型丰富，发展迅速。

1．技术学院

技术学院是沙特第三等级教育阶段的职业教育机构。技术学院分为男子技术学院和女子技术学院。入读技术学院的学生须具备高中学历或者同等学力的资格文凭。在技术学院修读 2.5 年后，学生可以获得技术资格文凭。一些技术学院还提供本科专业的学习项目，学生在获得技术资格文凭后如果再修读 2.5 年应用型本科专业，就可以获得本科文凭。获得这类本科文凭的学生就具备了成为技术工程师或者职业教育机构培训讲师的资格，也具备了攻读硕士和博士学位的资格。可以看到，沙特形成了普职融合程度较高的教育体系，为接受职业教育的学生提供了更多的选择。技术学院实行全日制授课和夜校授课相结合的方式。截至 2020 年，沙特的技术学院共提供 47 种职业教育资格证书专业和 17 种应用型本科专业。[1]

2．国际技术学院

国际技术学院是受政府资助的公立职业教育学院，但是在实际办学中，国际技术学院由一些国际团体来负责。国际技术学院雇佣经验丰富的教师，开展满足国际质量标准的技能培训，满足劳动力市场的国际化需求。国际技

---

[1] Technical and Vocational Training Corporation. Technical & vocational training corporation at a glance[R]. Jeddah: TVTC, Planning & Business Development Sector, 2020: 12.

术学院提供为期两年的职业技术课程，但在正式课程开始前有 1 年的英语课程。这样的课程结构和安排也体现了国际技术学院名字中的"国际"特征。

3．战略伙伴关系学院

战略伙伴关系学院是由技职委和私营公司、非营利机构或者国际组织共同建立的职业教育机构。私营公司等负责战略伙伴关系学院的投资与运营工作，技职委颁发教学许可并监督这类学院的办学活动。这类学院是非营利性的技术培训机构。申请入读战略伙伴关系学院的学生须具备普通高中学历或者具有同等学力。目前，沙特有 35 所战略伙伴关系学院，如位于奈尔亚的国家建筑培训中心，其私营合作方是沙特阿美；建在首都利雅得的塑胶制造高等学院，其私营合作方是沙克公司和日本的南迪石油化学株式会社。

4．中等产业学院、农业学院、建筑学院等行业型学院

这类行业型学院属于中等职业教育机构，由技职委建设和管理，要求申请者持有初中教育结业证书。经过 3 年的学习，学生可以获得中等职业教育证书。这些学院提供全日制学习项目和夜校项目。各类行业型学院中，中等产业学院建立较早，甚至早于技职委的成立时间。1949 年，阿卜杜勒·阿齐兹国王在吉达市建立了第一所中等产业学院，为 12—14 岁的小学毕业生提供为期 3 年的职业教育。1949—1973 年，沙特共建立了 9 所中等产业学院。这类学院毕业的学生可以继续攻读技术学院，并获得应用本科文凭。但是这类学院的办学情况并不理想，学生辍学率极高。1969—1992 年间，中等产业学院的入学者为 80 370 人，其中只有 17 995 人顺利毕业，毕业率只有 22.4%。[1]

---

[1] MURTADA Y H. Vocational education in the Kingdom of Saudi Arabia[D]. London: University of London, 1996: 43.

5．私立培训机构

私立培训机构是由私营部门建立的营利性培训中心，它们提供职业技术和专业培训课程，这些课程由技职委授权和监督。这些机构为不同水平的学生提供类型丰富的培训，例如，2—3 年的全日制培训文凭（Training Diploma）项目，1 年的全日制职业资格项目（Qualifying Program），持续 1 个月到 1 年、累计学习时长不低于 60 个小时的职业资格课程，1 个月以内、累计学习时长不多于 60 小时的短期课程。目前，沙特共有 1 011 所私立培训机构，其中，男子培训机构 674 所，女子培训机构 337 所。[1]

此外，沙特还有一些职业教育支持机构，如为了加强公共部门、私营部门联系，利用技职委的物资、人力和知识资源，开展研究、咨询、培训服务的商业及社区服务中心，以及为中小型企业和从事个体经营的沙特国民提供支持和帮助的国家创业学院。这些职业教育支持机构为不同年龄、文化水平和经济水平的社会群体提供讲座、学术会议、长短期课程等，以此培养沙特国民的职业技术意识和专业能力。

（二）职业教育的课程设置

沙特不同类型的教育机构课程设置不同，通常而言，中级产业学院和技术学院开设课程涉及的专业有：美容、电力、软件、电信、办公室管理、食品安全、医疗技术、服装设计、市场营销、多媒体和图形、可再生能源、护肤和化妆、汽车维修、机械维修、人力资源管理、制冷与空调、食品生产、环境保护、仓库管理、会计、网络管理等。

战略伙伴关系学院开设的专业有：海港管理、印刷与包装、核科学、

---

[1] Technical and Vocational Training Corporation. Technical & vocational training corporation at a glance[R]. Jeddah: TVTC, Planning & Business Development Sector, 2020: 12.

供应管理、建筑质量监理、家用电器修理、食品技术、橡胶工业、酒店管理、网络应用开发、云计算、造船和维修、数据分析和人工智能、飞机维修、时尚、精密仪器控制、信息安全、烹饪艺术、旅游管理、火车驾驶、餐厅管理、游戏设计与开发、太阳能等。

第二节　职业教育的特点和经验

整体而言，沙特职业教育具有起步晚、发展快、参与主体多元等特点，这些特点既塑造了沙特职业教育的基本面貌，也构成了沙特发展职业教育事业的基本经验。

沙特职业教育于 20 世纪 50 年代起步，于 20 世纪 70 年代进入快速发展期，20 世纪 80 年代技职委成立后，沙特职业教育现代化的步伐显著加快。技职委是沙特职业教育顶层设计的战略管理者，职业院校和培训机构是职业教育相关政策的执行者，国际教育资本是沙特职业教育的重要投资者，多方共同参与到沙特职业教育系统当中。

除了上述特点，本节重点论述沙特职业教育的另一个特点，即沙特职业教育的发展目标始终随着国家经济发展需求而不断调整。此外，本节还从沙特职业教育质量保障的角度阐述其发展经验。

一、职业教育的特点

20 世纪 80 年代以来，沙特职业教育的战略目标始终随着国家经济发展而不断调整。20 世纪 80 年代末，技职委阐述了职业教育的总体目标：强调体力劳动和职业劳动的尊严及其在社会发展中的作用；使个体具备工、商、农、服务等行业相关的劳动技能，使其为就业做好准备，使其能够在自己的工作中促进国民经济发展；为沙特公民提供伊斯兰文化传统教育和通识文化教育，使受教育者具备坚定的宗教信仰以及较高的道德素养；为技术人员打牢科学知识基础，培养其劳动技能，不断丰富其职业知识，使他们能够跟上技术的发展；坚持"开放式培训"的职业教育理念，让每个人都有机会根据自己的身心能力选择职业教育；在全国各地建立职业培训中心，减少向大城市迁移和聚集的人口。[1]

2008 年，技职委发布了《技术与职业培训战略》，阐述了职业教育的新目标。总体目标包括：鼓励更多学生接受职业教育，追求教育的可持续发展；根据劳动力市场的需求，培养劳动力；提供高质量和高效率的职业教育和培训项目，使学生找到合适的工作；使学生能够应对劳动力市场的变化；与商业部门建立战略伙伴关系，从而更好地开展职业教育；提高全社会对职业教育相关工种重要性的认识，营造终身培训的氛围和环境；为职业教育机构提供安全和具有激励性的运营环境；鼓励私人投资职业教育；加强职业教育机构和国家教育系统的关联；扩大对国家发展规划有支持作用的高级职业培训，促进技术成果高效转化。[2] 可见，2008 年提出的新目标相较于 1989 年版本目标有明显修改。技职委指出，新目标致力于加强职业学校和私营部门的联系和合作，使私营部门成为职业教育的利益相关者，从而满足劳动力市场的需求。至此，调动私营力量参与职业教育成为这一时期沙特职业教育的突出特征，响应了沙特教育系统整体改革的相关政策。

除了专门针对职业教育领域制定的工作战略和目标，一些国家重大战略对整个教育系统做出了规划，这些规划对职业教育的发展也起到了促进作用。例如，"2020 年国家转型计划"规定：优化教育系统以满足劳动力市

---

[1] MURTADA Y H. Vocational education in the Kingdom of Saudi Arabia[D]. London: University of London, 1996: 41-44.

[2] 资料来源于联合国教科文组织官网。

场需求；发展与私营部门的伙伴关系。[1]

2016 年，沙特"2030 年愿景"进一步要求：调整技能培训以满足劳动力市场需求，增加对妇女的教育培训，鼓励女性进入劳动力市场，教育部门要加强与私营部门和社区组织的合作。[2] 根据沙特职业教育的发展历程可以看出，沙特职业教育的发展目标随着国家经济发展需求而不断调整。

二、职业教育的经验

沙特职业教育由多个部门共同参与治理，除了教育部，还有劳动和社会发展部、财政部、议会。其中，财政部通过向技职委划拨生均经费和基于绩效的经费来对职业教育事业进行资助。资金会按照产出（如学生毕业率）和结果（如学生毕业后一年内的就业率）进行分配，但按照结果进行分配的资金只占拨款总额的 15%，大部分经费仍然是常规的生均经费。[3] 技职委通过制定法规条例、分配资金、发布报告、沟通协调其他部门等方式统筹全国的职业教育事务。所有提供职业教育的公立和私立机构都需要获得技职委的认证。沙特的职业教育与《国家资格框架》中的规定相联系。《国家资格框架》对职业教育的办学、认证等工作具有重要的指导作用。

技职委牵头、多个行政部门共同参与、建立托底性的财政资助体系、以《国家资格框架》为参考，均是沙特发展职业教育的重要经验。

---

[1] 资料来源于联合国教科文组织官网。

[2] 田野. 世界政治研究：第 1 辑 [M]. 北京：中国社会科学出版社，2018.

[3] 资料来源于联合国教科文组织官网。

第三节 职业教育的挑战和对策

随着国家转型发展的现实需求变化，职业教育在许多阿拉伯国家都被确定为优先发展领域，沙特也不例外。然而，在职业教育的发展定位，及其促进国家经济转型、满足失业公民的需求等方面，沙特还面临着较大挑战。沙特政府积极采取措施，应对相关挑战。

一、职业教育面临的挑战

（一）社会接受度低，产生一系列负面结果

沙特社会对体力劳动存在一定程度的歧视。[1] 在沙特职业教育起步时期，社会普遍认为职业学校的教育对象是穷人及社会阶层较低的人群。[2] 虽经过几十年的发展，但职业学校至今仍然被沙特民众视为次等选择，相较于接受职业教育和从事职业技术工作，沙特民众更倾向于接受大学教育，以此获得进入政府等机构的工作机会。[3]

由于民众对职业教育存在偏见，职业学校的招生工作面临困难，为了与普通学校竞争生源，职业学校不得不降低入学条件，这造成了人才入口规模和出口质量的新矛盾。[4]

由于民众对职业教育存在偏见，再加上人口出生率的影响，沙特青年

---

[1] MURTADA H, Vocational education in the Kingdom of Saudi Arabia[D]. London: University of London, 1996: 19.

[2] ALAKI A. Industrial vocational education in Saudi Arabia：problems and prospects[D]. Tucson: The University of Arizona. 1972: 145.

[3] 资料来源于联合国西亚经济社会委员会官网。

[4] YOUSIF A A. 学习、培训和工作世界：迅速变化的阿拉伯世界面临的挑战 [J]. 职业技术教育，2006，27（36）：60-62.

失业问题已经极其严峻。但教育的发展并没有转化为就业率的提高，青年
失业率仍在飙升。[1] 沙特第八个五年发展计划指出，公共部门的就业市场已
经饱和，私营部门在为沙特创造就业机会方面发挥着主导作用，这一方面
潜能的开发显然需要职业教育进一步发挥积极作用。

（二）私营部门依赖外籍员工，对本国劳工吸引力低

世界银行 2017 年的一份报告指出，提高海湾地区就业率的关键在于政
府要提高私营部门的就业吸引力，增强公民在私营部门就业的意愿。[2] 由
于 1984 年之前，沙特政府资助了本国学生的学业，所以学生毕业后必须效
力于政府等公共部门。由此，私营部门就逐渐形成了主要依靠外籍人员的
传统。

这一传统的形成有其特定的历史背景。由于石油收入的增加，沙特的
经济增长率从 1960 年的 3% 上升到 1982 年的 6.37%，但经济增长反而对职
业教育的发展产生了负面影响。这一时期，大多数沙特学生没有选择接受
职业教育，而是选择接受大学教育，毕业后到公共部门工作，这导致沙特
缺少本国国籍的工程师、技术人员、操作员等。此外，政府要求企业支付
给沙特籍员工的工资应高于外籍员工工资，且企业不能轻易解雇沙特籍员
工，这就导致企业雇佣沙特籍员工的成本过高。因此，沙特的私营企业招
募了大量外籍熟练工人来填补就业缺口。数据显示，在 20 世纪 90 年代中
期，沙特私营部门的外籍员工比例超过 65%。截至 2018 年年底，沙特外籍
劳工人数约为 1 264 万人，约占沙特总人口的 37.84%。[3] 私营部门是提供
就业岗位的主力军，2019 年第一季度，私营部门的工人占沙特总劳动力的

---

[1] 资料来源于联合国西亚经济社会委员会官网。

[2] ALDOSSARI A S. Vision 2030 and reducing the stigma of vocational and technical training among Saudi Arabian students[J]. Aldossari Empirical Res Voc Ed Train, 2020, (12)3: 1-24.

[3] 刘兵、李晓. 沙特阿拉伯劳务人员属地化的研究 [J]. 国际工程与劳务，2020（1）：81-83.

67.9%，但私营部门中的沙特人只占 22.3%，外籍工人占比高达 77.7%。[1] 沙特陷入职业教育发展不力和私营部门本国员工不足的恶性循环。[2]

（三）女性参与职业教育的比例低

沙特对女性实行"监护制度"，女性没有完整的公民权。根据沙特法律，所有女性必须有男性监护人，男性监护人有权代表女性做出一系列关键决定。这种传统和政策使沙特女性处于附属地位，严重危害了妇女的社会权益。[3]

许多沙特妇女被限制在特定的教育领域，如护理、教师、家政。妇女在信息技术、管理等领域接受教育的机会有限，这限制了沙特女性的就业机会并削弱了沙特女性的就业能力。沙特若要发展职业教育，推动国家的社会经济转型，女性是重要的人口力量，提高女性的职业教育参与率和就业参与率能够极大地缓解沙特职业教育和国民经济发展面临的一些困难。

二、职业教育应对策略

沙特政府在"2030 年愿景"中提出，到 2030 年创造 500 万个就业机会，这些就业机会中约有 40% 是技术性和职业性的。[4] 这一宏观愿景成为沙

[1] ALDOSSARI A S. Vision 2030 and reducing the stigma of vocational and technical training among Saudi Arabian students[J]. Aldossari Empirical Res Voc Ed Train, 2020, 12(3): 1-24.

[2] Harvard Kennedy School. The labor market in Saudi Arabia: background, areas of progress, and insights for the future[R]. Cambridge, MA: John F. Kennedy School of Government at Harvard University, 2019.

[3] 崔守军，杜普. 沙特阿拉伯国家转型探析 [J]. 世界政治研究，2018（2）：104-121+206-207.

[4] 资料来源于奈特·弗兰克公司官网。

特发展职业教育的重要导向。在整体规划之下，沙特政府采取了具体措施，逐步解决职业教育发展所面临的挑战。

（一）大力宣传和发展职业教育

提高国民对职业教育的认同感是职业教育发展的重要社会心理基础。近年来，为了应对传统文化中对职业教育的偏见，沙特政府非常重视宣传职业教育对经济和社会发展的作用。1989 年，技职委阐述职业教育的总体目标时，强调了体力劳动和职业劳动的尊严及其在社会发展中的作用。2008年，技职委在新版职业教育的目标中，提出要提高社会对职业技术领域相关工作重要性的认识，并为终身培训提供合适的环境。沙特政府鼓励国民参与职业教育，设立不同类型的职业院校并开设多种专业。了解职业教育、参与职业教育是革除偏见的有效举措。在"2030 年愿景"中，沙特政府计划将 60% 的高中毕业生分流到大学，40% 的高中毕业生分流到职业院校。[1]沙特政府还通过在线教育的方式，将参与职业教育和培训的人员数量从 3.6万人增加到 100 万人。此外，提高职业教育人才质量也是消除社会偏见的重要举措。为了提高职业院校学生的素质，培养更多满足市场需求的学生，技职委于 2013 年引入了"卓越学院"项目，和外国大学以及公司合作建立了 31 所国际技术学院。[2]

沙特政府还大力推动私营部门成为职业教育的利益相关者，厘清职业教育培训系统和行业之间的关系，引导私营部门参与到沙特职业院校的政策制定和课程设置工作当中，通过实现学校和行业间的资源共享来提高职

---

[1] 资料来源于奈特·弗兰克公司官网。

[2] Harvard Kennedy School. The labor market in Saudi Arabia: Background, areas of progress, and insights for the future[R]. Cambridge, MA: John F. Kennedy School of Government at Harvard University, 2019.

业教育的成效。[1] 沙特教育大臣指出，要使职业教育与私营部门建立伙伴关系，特别是在产品创新和多元化方面建立关系，这对沙特的经济发展至关重要。[2]

（二）限制外籍劳工和实施"沙特化"战略

沙特政府早在第一个五年发展计划中就提出，沙特各产业中 75% 的员工必须是本国雇员，51% 的薪水必须支付给沙特人。[3] 近些年，沙特政府工作重点为提高私营企业中沙特人的比例，减少私营企业对外籍劳工的依赖程度，尤其要提高沙特职业院校毕业学生的就业率。2011 年，沙特政府出台的"沙特化"战略是由沙特劳工部执行的一项国家政策。该政策要求所有沙特公司必须按要求雇佣一定比例的沙特籍员工，逐步降低外籍劳工的比例，从而降低沙特本国人口的失业率，减少经济发展对外籍劳工的依赖，[4] 阻止由于外籍工人将工资汇回母国而导致的资金外流情况。[5] 同时，沙特政府还通过限制非沙特籍人员从事部分职业、提高外籍劳工签证申请门槛、增加签证费用、延长签证配额发放周期、加征外籍员工税和家属税等方式限制外籍劳工数量，提高本国公民就业率。[6]

在"沙特化"战略中，沙特根据公司的类型、规模、沙特雇员的比例，将沙特的公司分为六个级别，分别用铂金色、深绿色、中绿色、浅绿色、

---

[1] YOUSIF A A. 学习、培训和工作世界：迅速变化的阿拉伯世界面临的挑战 [J]. 职业技术教育，2006，27（36）：60-62.

[2] 中华人民共和国驻沙特阿拉伯使馆经商处. 沙特调整教育体系面向就业 [EB/OL]. [2021-10-19]. http:// sa.mofcom.gov.cn/article/jmxw/202001/20200102930145.shtml.

[3] FAKEEH M S. Saudization as a solution for unemployment the case of Jeddah western region[D]. Glasgow: University of Glasgow, 2009: 79.

[4] 资料来源于华德士官网。

[5] DOSARY A S, RAHMAN S M. Saudization (localization)–a critical review[J]. Human resource development international, 2005, 8(4): 495-502.

[6] 刘兵、李晓. 沙特阿拉伯劳务人员属地化的研究 [J]. 国际工程与劳务，2020（1）：81-83.

黄色、红色标记。9 人以下的公司被标记为白色，对沙特籍员工数量不做要求，不参与相关计划。9 人以上的公司则有雇佣沙特本地人的要求。雇佣沙特人多、工资待遇好、员工留用率高的公司将会得到政府的奖励，而表现不佳的公司（被标记为红色和黄色）则将被处以罚款。各级别公司的本国雇员占比要求见表 7.4，各级别公司对应权益见表 7.5。[1]

表 7.4 分级计划中不同颜色公司雇佣沙特员工的比例

类别	铂金色	深绿色	中绿色	浅绿色	黄色	红色
沙特籍雇员比例	40%	12%	12%	12%	7%	4%

表 7.5 不同类型公司的权益

权益	铂金色	绿色、深绿色、中绿色、浅绿色	黄色	红色
在全球范围内雇佣员工	可以	不可以	不可以	不可以
快速获得签证	可以	不可以	不可以	不可以
所设岗位仅雇佣沙特公民	可以	不可以	不可以	不可以
无条件转让签证	可以	不可以	不可以	不可以
从黄色和红色级别的公司招聘	可以	可以	不可以	不可以
申请新的外派签证	可以	可以	不可以	不可以
提前续签居留许可	可以	可以	不可以	不可以
更新工作许可	可以	可以	不可以	不可以
获得新签证	可以	可以	不可以	不可以
有条件转让签证	可以	可以	不可以	不可以

[1] 资料来源于大韩贸易投资振兴公社官网。

续表

权益	铂金色	绿色、深绿色、中绿色、浅绿色	黄色	红色
阻止工人向上一级别企业流动	—	可以	不可以	不可以
避免罚款	可以	可以	不可以	不可以

需要说明的是，"沙特化"战略的直接目的并非发展沙特职业教育，但该战略无疑能够有效助力沙特职业教育的发展。在所有教育类型中，职业教育是与经济联系最为紧密的一类，尤其是高职教育与实体经济具有较高的相关度，这已经成为当前世界各国国民经济发展的共识。放眼沙特的综合改革，其核心内容是优化国民经济结构，增加本国劳动力人口数量，尤其是私营部门的本国劳动力人口数量。要想促进私营部门的发展，引导更多沙特公民进入私营部门就业，职业教育是最能做出贡献的教育类型。

（三）提高女性就业率

在沙特国家转型的过程中，赋予女性更多权利是改革的重要部分，这也成为优化沙特职业教育的重要突破口。"2030 年愿景"宣称："我们的经济将为每个人提供机会，这样他们就可以尽其所能……沙特妇女是国家发展至关重要的人力资源。我们 50% 以上的大学毕业生是女性，我们将继续加大投资，培养她们的才能，提高她们的工作能力，使她们具备自我提升的能力，为社会和经济的发展做出贡献。"[1]

提高职业教育中女性学员的比例是沙特职业教育发展的重要目标之一。沙特政府通过增加资金来支持技职委开展职业教育活动和增加妇女的就业机会。技职委大力兴办女子技术学院，截至 2020 年，技职委建设了 29 所女

---

[1] 伍庆玲，郑钰. 论沙特阿拉伯妇女文化与生活方式的变迁 [J]. 大庆师范学院学报，2021，41（1）：82-91.

子技术学院。

　　同时，鼓励女性进入私营部门就业也是沙特的重要改革措施之一，这将反过来促进女性接受职业教育。2011年，沙特劳动部决定，百货公司、专门销售化妆品和女装的商店等，应雇用沙特女性销售人员。根据劳动部的统计，在多项举措的刺激下，沙特从事零售业的妇女人数增幅可观，从2010年的约10 000人增至2014年的122 000人。[1]岗位机会的增加势必会促进女性接受职业教育。

　　总而言之，在沙特政治经济转型的过程中，职业教育扮演着重要的角色，尤其在壮大私营经济部门、增加女性受教育机会和就业机会方面有巨大潜力。2019年，在全球知识指数（Global Knowledge Index）中，沙特职业教育的综合表现排名全球第86位，较2018年的第117位有极大提升，在阿拉伯国家中的排名上升到第5名，可以说沙特政府促进职业教育发展的努力取得了显著效果。[2]但是，沙特现代职业教育起步较晚，仍然面临着文化偏见和制度惯性带来的问题，为更好地革除偏见，更有效地调整曾经将沙特国民排除在职业劳动之外的保护性福利政策，沙特政府任重道远。

---

[1] 伍庆玲，郑钰. 论沙特阿拉伯妇女文化与生活方式的变迁 [J]. 大庆师范学院学报，2021，41（1）：82-91.

[2] 资料来源于《沙特公报》官网。

第八章 成人教育

目前，沙特将"成人教育"定义为：为期两年的基础层次教育，或称扫盲教育。通过成人教育，成年人达到一定的文化教育水平，获得基本的就业技能，从而更好地融入社会，提升个人社会和经济地位。[1]

沙特将识字扫盲作为成人教育的重要内容，这反映了历史传统对沙特教育和国民文化素养的影响。独特的历史和宗教背景使得沙特成人教育起步较晚，正式的成人基础教育计划始于1960年。20世纪70年代早期，沙特政府开始大力推进普及教育和成人识字教育项目，将其作为国家现代化进程的一部分。沙特政府为完成项目的成人学习者提供经济奖励，并为所有学生支付学习费用。在普及教育和成人识字教育项目中，宗教经典是扫盲训练的主要阅读材料。在1960年之前，妇女不被允许接受正规教育，99%的妇女是文盲。普及教育和成人识字教育项目推出以后，扫盲教育惠及沙特妇女，到1988年，成人教育中妇女参与者人数已超过项目参与总人数的三分之一，沙特成人的整体识字率也提高了十倍。[2]此外，劳动和就业技能培训计划也是沙特成人教育的重要组成部分，但其进展和成效比不上普及教育和成人识字教育项目。

---

[1] 资料来源于美国教育资源信息中心官网。
[2] 资料来源于美国教育资源信息中心官网。

第一节 成人教育的发展和现状

一、成人教育的历史

从 20 世纪中叶开始，沙特政府愈发重视成人教育工作。1960 年，沙特教育部普通文化司启动了第一个正式的成人基础教育计划，该计划将成人识字培训列为工作重点。据估算，当时只有不到 3% 的人口具有基本的识字和读写算能力；妇女的识字率更为低下，仅有不到 1%。[1] 有效推进识字扫盲工作对于当时的沙特而言并非易事。沙特的成人基础教育计划相关学习活动通常安排在晚上，借助当地的小学教育设施对成人进行识字教育，教师由小学教师兼任。由于白天要在小学从事本职工作，晚上要开展成人教育相关培训，这些小学教师的工作量大大增加。尽管各方面困难重重，沙特的成人识字工作依然不断取得进展，为国家现代化进程做出了重要贡献。1961—1962 学年，参与该项目的学校只有 183 所，学生总数只有 16 843 人，到 1968 年，参与学校增加到 550 所，参加学生增加到 34 824 名，到 1972 年，数据增长为 609 所学校和 42 810 名学生。[2] 虽然成人基础教育计划缺乏明确的长期目标，没能提供任何技术科目或生活技能方面的教学，政府也未对项目效果进行评估，但该计划标志着沙特成人教育的开端，是沙特成人教育史上一个重要的里程碑。

20 世纪 60 年代末，沙特教育部普通文化司实施夏季推广计划，对游牧民和农村公民开展基本识字教育。这一时期，沙特政府制定了第一个五年发展计划，该计划对沙特成人教育体系的完善和长远发展起到了推动作用。

---

[1] 资料来源于美国教育资源信息中心官网。

[2] GRIFFIN T D, ALGREN M S. Adult education in Saudi Arabia [R]. Washington D. C.: US Department of Education & Educational Resources Information Center, 1988.

1972 年，沙特国王颁布了一项名为 "M–22" 的特别法令，该法令的主要目标是推动第一个五年发展计划的顺利实施。该法令明确要求所有政府部门在教育部的协调下共同努力扫除文盲，这直接促进了成人教育的快速发展。教育部负责成人教育的总体协调工作，但针对女性的成人扫盲工作仍然由宗教部门负责，这符合沙特国情和历史情况。1975 年，在联合国的支持下，沙特成立了国家成人教育中心，该中心招收沙特和其他阿拉伯国家的教师，为希望成为成人教育者的小学教师提供培训。沙特政府为完成该中心相关培训的学生提供物质奖励。虽然这一机构已经不复存在，但它在沙特成人教育的发展历史上做出了重要贡献，是沙特与国际组织及周边国家合作的结果。

妇女教育始终是沙特教育事业改革的一个重要话题，在成人教育领域也不例外。沙特将识字扫盲和技能发展视为成人教育的重要内容，妇女成为成人教育的重要对象。1984 年的《沙特阿拉伯王国的教育政策声明》阐明了妇女教育的目的。沙特政府指出，要用适宜的伊斯兰方式来教育妇女，让她们成为理想的妻子、合格的家庭主妇、合格的母亲，要为妇女提供适合女性特点的专业教育，如护理等。[1] 这段论述表明了妇女教育与成人教育的高度关联性。以宗教经典为阅读教材的识字扫盲运动便是典型的伊斯兰式妇女教育。

沙特的五年发展计划是成人教育发展的重要背景和导向。在第一个五年发展计划期间，沙特政府针对成人教育领域提出了下列工作目标：增加学校数量，特别是成人识字教育的学校数量；建立社区发展中心，面向成人教授卫生、消费、识字等知识；为贝都因人和农村居民提供暑期项目，包括基本识字培训、宗教教育、医疗和职业教育；利用电视节目进行扫盲教育，尤其是对妇女的扫盲教育；为妇女开设更多的识字教育学校；调整

---

[1] GRIFFIN T D, ALGREN M S. Adult education in Saudi Arabia [R]. Washington D. C.: US Department of Education & Educational Resources Information Center, 1988.

教师培训机构的课程，设置成人教育相关科目；增加国内行政部门、外国机构等对扫盲培训的援助。[1]

在第二个五年发展计划期间，沙特政府针对成人教育工作提出以下目标：开设国家扫盲中心，用于成人教育的研究和教师培训工作；每年新建200所成人基础教育计划夜校；每年新增160名合格成人教育教师；继续开展并完善通过电视节目进行成人扫盲教育的计划；继续努力满足农村人口的成人教育需求；继续增加针对成人教育的援助；增加接受成人教育的女性数量。在此期间，沙特的相关法律法规对成人教育也有着重要影响。沙特《劳动法》要求，成人培训应该成为沙特境内每一个外国机构的业务组成部分。从这个角度来看，沙特的成人教育和职业教育有一定的交叉，沙特官方政策规定二者均包括在职人员培训。[2]

在第三个五年发展计划期间，沙特政府计划拨款1 000亿里亚尔用于教育，到20世纪90年代初期，沙特政府对各类教育的公共开支预算已经占其年度财政总支出的10%。随着教育经费的增加，经费的惠及范围也变得更加广泛，成人教育因此得到更多支持。即使是向沙特雇员提供成人技能培训的外国私营公司，也能得到政府的成人教育补贴。

二、成人教育的现状

21世纪，沙特的成人教育工作仍然集中在扫盲领域，财政部每年批准约190万里亚尔的成人教育项目经费，其中一部分经费用于奖励完成扫盲计划的学习者。同时，沙特越来越注重成人教育教师的培养工作，每个学期

---

[1] GRIFFIN T D, ALGREN M S. Adult education in Saudi Arabia [R]. Washington D. C.: US Department of Education & Educational Resources Information Center, 1988.

[2] GRIFFIN T D, ALGREN M S. Adult education in Saudi Arabia [R]. Washington D. C.: US Department of Education & Educational Resources Information Center, 1988.

初都会为新教师举行动员会议，以激发他们的工作热情，沙特政府还面向成人教育教师提供专业培训。[1]

2009 年，沙特政府细化了成人扫盲工作目标，主要包括：为学习者提供一定的宗教教育；使成人掌握阅读、写作、算术等基本技能；为学习者提供现代信息技术等方面的知识技能培训，使其个人及家庭获益；使完成扫盲教育的成年人有机会继续接受教育；为老年人提供必要的阅读能力培训，营造有利的教育环境，避免他们重返文盲状态；组织各种文化活动，满足老年人的文化、社会和经济需要。[2] 从这些目标可以看出，沙特成人教育强调宗教特征的同时，关注到了老年人群体、成年人就业问题、返盲问题等。

从上述目标还能看出，沙特政府注意到了成人教育的延续性。早在 2009 年，沙特就设计了基于家庭教育、社区教育和学校教育的成人教育体系，此时的成人教育包含三个部分：成人识字课程、社区扫盲计划、学校初级课程。完成成人识字课程的学生将获得 1 000 里亚尔的奖励；通过社区扫盲计划的学生将获得学校学历资格证书，可继续学习学校的初级课程；完成学校常规扫盲计划后，还将获得初级阶段证书，获得初级阶段证书的学生有机会进入成人教育的中高级阶段继续学习。[3]

近十年来，沙特的成人教育路径主要包括成人教育和扫盲中心、夏季培训项目。相关机构和项目数量、参与地区数、学生人数如表 8.1 和表 8.2

---

[1] The General Administration for Eradication of Illiteracy Programs. The achieved progress in the field of the eradication of illiteracy in Kingdom of Saudi Arabia from Germany 1997 AD to Brazil 2009 AD [R]. Riyadh: Ministry of Education, 2009.

[2] The General Administration for Eradication of Illiteracy Programs. The achieved progress in the field of the eradication of illiteracy in Kingdom of Saudi Arabia from Germany 1997 AD to Brazil 2009 AD [R]. Riyadh: Ministry of Education, 2009.

[3] The General Administration for Eradication of Illiteracy Programs. The achieved progress in the field of the eradication of illiteracy in Kingdom of Saudi Arabia from Germany 1997 AD to Brazil 2009 AD [R]. Riyadh: Ministry of Education, 2009.

所示，机构和学生数量一直呈现稳中有降的趋势，表明沙特成人扫盲教育取得了一定的成果。[1]

表8.1 沙特成人教育和扫盲中心的机构数量及学生数量

年份	机构数量 / 所		学生数量 / 人	
	男校	女校	男生	女生
2012	1 617	2 041	132 863	47 648
2015	1 547	1 519	105 008	53 058
2017	1 350	1 448	87 661	51 838
2020	1 509	1 437	66 681	52 203

表8.2 沙特成人教育夏季培训项目数量及学生数量

年份	夏季培训项目数 / 个	参与地区数 / 个	学生数量 / 人
2007	13	466	76 540
2013	9	113	25 546
2018	6	250	21 551

沙特成人教育的成效主要表现为成人识字率的提升。例如，1960年，沙特成人识字率仅为3%，到1985年，沙特成人识字率上升到24.6%。[2]

据统计，至1992年，沙特的国民识字率达到70.82%；2000年，这一数据增长为79.35%；至2020年，沙特的国民识字率已经达到97.59%，[3]较20世纪已经

---

[1] 资料来源于美国成人和继续教育协会国际成人教育委员会（AAACE-CIAE）官网。

[2] GRIFFIN T D, ALGREN M S. Adult education in Saudi Arabia [R]. Washington D. C.: US Department of Education & Educational Resources Information Center, 1988.

[3] 资料来源于美国联邦经济数据库官网。

发生了根本性的转变。因此，在城市地区，就业技能培训取代扫盲成为成人教育的重点，这也使得沙特成人教育与职业教育产生了重叠。但在欠发达地区以及在妇女群体和年长群体中，仍然存在着大量扫盲教育的需求。

第二节　成人教育的特点

纵观沙特成人教育发展的历程和现状，可以总结出以下五个特点。第一，成人教育起步较晚，沙特自 20 世纪 60 年代才开始探索成人教育的相关工作。第二，成人教育具有明显的基础性和宗教性，其工作重心在帮助成人掌握读写算等基本能力，重视培养文盲人口阅读宗教典籍的能力，成人教育的目标是扫盲和塑造宗教价值。第三，成人教育工作下沉至社区，注重因地制宜，开设了与气候条件相适应的特定项目。第四，针对成年女性的教育是沙特成人教育工作体系的重要组成部分，针对成年女性的教育保障了沙特女性的权益并促进了国家现代化进程。第五，成人教育工作的归口管理较为清晰，成人教育的组织、计划、资源分配等工作由教育部负责。以上要素既是沙特成人教育的显著特点，也是沙特能够快速推进成人教育事业的经验。本节集中介绍其中三点。

一、以成人识字培训为工作中心，注重发挥宗教传统的重要作用

识字培训是沙特成人教育的主要内容，将成人识字教育和宗教典籍教育相结合，是沙特推进成人教育工作的重要抓手。

1980 年，沙特各类学生中，有 9% 是接受识字教育的成年人。除了教育

部负责的扫盲项目外，其他政府机构在 1979—1980 年也招收了 11 254 名成人教育学生，如内政部对警察开展的扫盲培训，国防部和航空部对部队开展的扫盲培训。[1] 在当时，许多人没有接受过最基本的教育就走上了军警等重要工作岗位，可见沙特成人教育的必要性。如今，沙特军警等政府公共部门的劳动力受教育水平大幅提高，沙特的成人教育工作重点转向了对妇女、未就业人口等群体进行识字教育。

利用民众坚定的宗教信仰推进成人识字教育是沙特开展成人扫盲工作的显著特征，也是一条重要经验。为确保民众能够阅读伊斯兰教的宗教经典，识字教育是沙特成人教育工作的重要内容，且教学阅读材料与宗教内容紧密结合，这一举措较好地适应了民众的社会心理。

二、以社区为中心，注重选择培训时间

1985 年，沙特政府开始推进社区发展中心项目，在 42 个社区建立了第一批社区发展中心，社区发展中心的基本功能是为地方领导人提供教育培训和向当地成年人提供识字培训。除了上述基本功能，社区发展中心还提供成人教育工作者培训、农业培训、烹饪技能培训、会计培训等。[2] 社区发展中心受欢迎的主要原因是其既能提供宗教典籍阅读培训，又能提供烹饪、会计等实用技能培训。

沙特开展成人教育充分考虑了气候等自然条件的影响，成人教育培训项目大部分选择在夏季进行，是因为沙特夏季过于炎热，成人教育的目标群体相对空闲，有时间和精力参与学习和培训。夏季培训项目主要针对农村居民和贝都因人，培训内容除了识字教育和宗教教育外，还包括保健、

---

[1] 资料来源于美国联邦经济数据库官网。

[2] 资料来源于美国联邦经济数据库官网。

农业和文化知识教育。教学组织方式是在农村或贝都因人定居点附近搭建临时教学点，从城市地区聘请教师来开展教学。[1] 夏季培训项目充分考虑成人教育受众的生产便利，体现了沙特政府因时制宜、因地制宜推进成人教育工作的特点。

三、以女性为成人教育切入点，推动教育事业的快速发展

在沙特的文化背景下，女性受教育率和就业率相对低，需要通过接受成人教育来改变现状。因为基础较薄弱，女性教育也成为沙特推动成人教育较快发展的一个有力突破口。

在沙特一系列举措下，妇女教育工作取得了显著成效。沙特政府在五年发展计划中对女性识字和生活技能培训做出特别规定，这较好地保证了妇女教育相关政策的延续性。沙特很多城市都有妇女志愿组织，妇女志愿组织在社会福利、慈善、教育发展等方面开展公益性服务工作，成人扫盲和劳动技能培训也是其重要工作，如烹饪、缝纫、园艺、儿童护理、急救、营养膳食、文印打字等方面的培训。

第三节　成人教育的挑战和对策

一、成人教育面临的挑战

虽然沙特已经采取多项措施来推进成人教育工作，但仍有一些问题阻

---

[1] 资料来源于美国联邦经济数据库官网。

碍着成人教育的发展。当前,沙特成人教育的主要挑战有以下三方面:科学研究缺失及工作定位滞后、课程设置缺乏系统性和师资不佳、成人教育学习者所处环境不利。[1]

(一)科学研究缺失及工作定位滞后

国际经验表明,成人教育的良性发展离不开科学研究的支撑。成人教育具有复杂性,面向对象具有多样性,与全日制学历教育有根本区别。因此,成人教育逐渐成为一个专门的学术领域,学术研究的发展会对成人教育的发展产生重要影响。[2] 沙特在成人教育方面的科学研究并不充分,缺少专门的研究机构和队伍,政府主要依靠国际合作、政企合作、行政动议等方式来推进成人教育的发展。长远来看,以科学研究为支撑的成人教育体系有其必要性。

沙特目前没有专门的成人教育研究力量,这导致沙特存在成人教育定位滞后的问题。定位滞后表现为以下两方面。第一,沙特成人教育的政策焦点仍然将识字教育作为主要内容,但沙特当前的成人教育已经发生了较大的改变,政策定位表现出滞后性。第二,像许多国家一样,企业员工在职培训、在职人员扫盲教育等职业和技能培训是成人教育的重要内容,沙特的一些大型企业已经与沙特政府合作,建立了成人职业培训中心并开设相关培训项目,[3] 这又导致沙特成人教育和职业教育定位出现交叉。厘清以上问题需要更有效的成人教育科研系统提供支撑。

---

[1] 资料来源于美国成人和继续教育协会国际成人教育委员会(AAACE-CIAE)官网。

[2] 高志敏. 成人教育研究的反思与前瞻 [J]. 教育研究,2006(9):60-65.

[3] 高志敏. 成人教育研究的反思与前瞻 [J]. 教育研究,2006(9):60-65.

（二）课程设置缺乏系统性和师资不佳

目前，沙特成人教育的课程设置仍未成系统，较为零散。沙特当前的成人教育课程内容专注于社会和地方社区发展的一般性需求，随着沙特社会的发展愈发多元，原有的课程安排难以满足成人学习者的需求和愿望。课程缺乏系统性与前文提及的缺少科学研究支撑有关。课程体系未能做到与时俱进，这极大地制约了成人教育事业的发展。

与课程体系缺乏系统性相伴的是沙特成人教育师资质量和数量方面的问题。在扫盲等成人教育传统教学工作方面，沙特教师教学方法滞后，主要采用知识灌输、死记硬背等方式教学，因而其课程对成人的吸引力极低。此外，成人教育的很多教师为小学教师兼任，许多教师不理解教成人学习者和儿童学习者之间的区别，经常把成年学习者当作孩子对待，这种关系容易在教师和学生之间造成情感隔阂，进而导致成人学习者放弃学习。[1] 这反映了沙特成人教育专业教师数量不足、兼任教师专业能力不足等问题。

在沙特，城乡差异、性别隔离也造成了成人教育师资短缺。成人教育教师的技能和学术能力存在较大的城乡差异，其工作缺少保障机制。在城市任教的小学教师到农村兼任成人教育教师时，会被当地人视为局外人。而且，成人教育兼职工作对教师原有的职业评价和发展并不产生直接的正面影响。[2] 可见，体制机制方面的问题限制了基础教育教师从事成人教育的意愿。

（三）成人教育学习者所处环境不利

沙特的成年人在参加成人教育项目时会面临许多挑战。例如，社会环境不支持成人学习者，有些家庭不鼓励成人学习，有些人甚至嘲笑成人课

---

[1] 资料来源于美国成人和继续教育协会国际成人教育委员会（AAACE-CIAE）官网。

[2] 资料来源于美国成人和继续教育协会国际成人教育委员会（AAACE-CIAE）官网。

程学习者。还有一些成年学习者会在学习中感到自卑或失望，因为他们没有掌握预期技能。此外，一些成人学习者认为学习过程很困难，这导致他们倾向于关注如何避免失败，而不是关注如何推进学习。从其社会原因来看，总体上，成人教育在沙特政府教育事务中的优先程度不高，而政府的政策态度又进一步影响了社会认知和民众心理。为了提高成人学习者的学习积极性，需要推广终身学习的理念，在课程体系和教学方法上进行创新，联动各相关主体。

二、成人教育应对策略

（一）促进成人教育学科的发展

目前，沙特只有一个本科层次的成人教育学位项目，该学位项目设立于沙特国王大学的教育政策系。从沙特国王大学教育政策系成人教育专业毕业的学生大多走向了成人教育工作一线岗位。随着社会发展，沙特政府有意将成人教育的学科建设扩展到更多的大学，适当扩大学科发展规模，以期培养更多专门从事成人教育工作的教师和研究人员，将国际经验、国际理念、国际共识与沙特实际相结合，优化成人教育的理念和定位。[1]

（二）评估成人教育工作

沙特政府正在联合学术界，利用三阶段模型来评估成人教育工作，即预评估—评估—后评估。其核心思想是从需求出发，了解成人教育工作者

---

[1] 资料来源于美国成人和继续教育协会国际成人教育委员会（AAACE-CIAE）官网。

的需求，回应需求并完善相关工作。预评估的重点是了解成人教育教师的专业发展和培训需要，包括两阶段的背景研究。第一阶段的背景研究是从成人教育总局收集与成人教育相关的资源和数据。第二阶段是由 6 名成员组成需求评估委员会，进一步缩小资料收集的范围。需求评估委员会成员包括 1 名成人教育总局主任、2 名成人教育主管、2 名教育培训主管、1 名沙特国王大学成人教育项目主管。需求评估委员会将召开三次会议，制定工作议程、明确分工和职责、确定问题和关注点，在此基础上决定需要什么数据以及从哪里获得数据。评估阶段将明确成人教育教师的需求。调查内容集中在三个部分：人员背景信息、详细的培训需求、成人教育教师经历回顾。该阶段由成人教育总局主任负责，成人教育总局主任将调查表分发给成人教育教师。在对数据进行分析和编码后，需求评估委员会将根据重要性对各项需求进行排序。[1] 在后评估阶段，需求评估委员会根据需求分析制定行动计划，基于评估制定行动方案，设定目标和标准，制定详细的改进培训行动计划。

有学者建议利用与上述评估阶段类似的三阶段模型，对成人学习者的学习水平和需求进行评估，大致的工作流程与针对教育工作者的评估流程一致。但是在针对学习者的评估中，调查团队往往会通过访谈、结构性问卷等对学习者进行更加深入的抽样调查。这项工作不仅为决策者提供支持，也帮助学习者识别出成人学习的关键领域，从而为学习者提供有效的学习改进建议。

上述评估工作建议源于利雅得区的实践。利雅得的这一套工作经验已经形成了相对成熟的模式，对沙特其他地区的成人教育工作具有借鉴意义。

---

[1] 资料来源于美国成人和继续教育协会国际成人教育委员会（AAACE-CIAE）官网。

第九章 教师教育

第一次世界大战以前，奥斯曼帝国曾在阿拉伯半岛经济文化极为发达的汉志地区建立过一所以土耳其语为教学语言的教师学校。然而，这所学校在帝国崩溃之后也随之关闭。[1] 1933 年，在沙特阿拉伯王国建立次年，沙特政府便兴建了第一所教师学校，沙特现代意义上的教师教育事业由此起步。随着发展教育、培养劳动力被列为国家发展的重要内容，教师教育的重要性也因此提升。

沙特的教师教育包括教师职前培训和教师专业发展两部分。在沙特，教师的主要使命是通过恰当的教学策略提高学生的学业表现。为了完成这一使命，沙特将教师定位为教育改革的主要推动力，不断提升教师的专业能力及其教学质量。[2] 沙特的教师教育主要有新手教师培训计划、教师职业资格考试、在线管理系统分配等环节。新手教师培训计划是沙特的高等教育机构为职前教师提供的专业学习和培训项目。教师候选人只有完成新手教师培训计划，通过教师职业资格考试，顺利通过试用期，才能够获得教师职业资格，正式进入到在线管理系统，成为初级教师。在试用期间，政府会给新教师提供额外的培训和支持，以帮助他们更好地适应教学实践活动。

---

[1] 黄民兴. 沙特阿拉伯师范教育的发展 [J]. 比较教育研究，1995（5）：43-44.

[2] RASHED A. Special education in Saudi Arabia: history and areas for reform[J]. Creative education, 2015, 6(11): 1158-1167.

第一节 教师教育的发展和现状

沙特政府十分重视通过教师教育为快速发展的普通教育提供合格的教师和教育管理人员。伊斯兰教相关理念贯穿沙特教师教育，沙特认为健全的人格、高尚的品德是培养人才的第一要务。因此，沙特政府强调将德育贯穿教师教育全过程，未来走向工作岗位的教师要能够将宗教要素融汇于教学之中，教育年轻一代谨遵伊斯兰教教义，奉行中正、包容、卓越、律己、平等与明理的价值观。[1]

一、教师教育的历史

20 世纪 50 年代初，沙特国内的教师学校基本上是旧式师范初中，以培养小学教师为主。1953 年教育部成立后，沙特着手发展新式师范初中，并面向在职小学教师开办了形式多样的短期培训班，以提升教师的专业能力。1965—1970 年，沙特政府提高了教师任职的学历要求，小学、中学教师必须分别由高中毕业生、大学毕业生担任。在这个政策的驱动下，沙特的在职教师人数和教师教育项目学生人数短期内均有所下降，但是长远来看，这一政策有利于沙特建设更高质量的教师教育体系。这一时期，沙特的男子师范高中逐步取代男子师范初中。

20 世纪 70 年代，沙特政府提出了"沙特化"战略，教师教育的重要性进一步凸显。20 世纪 70 年代前期，沙特教师教育快速发展，教师教育项目在读学生人数激增，沙特开始发展大专学制的初级学院。到 20 世纪 80 年代中后期，师范高中和初级学院快速发展，师范初中被逐步取消。至此，沙

---

[1] 孔令涛，沈骑. 沙特"2030 愿景"中的教育发展战略探析 [J]. 现代教育管理，2017（11）：124-128.

特形成了一个较为成熟、稳定的教师教育体系，针对不同层次的教师均设定了相对统一且严格的标准。

20世纪80年代以来，沙特的教师教育体系分为师范高中和高等师范学校两个层次。师范高中主要培养小学教师和初中教师，高中教师则由大学培养。高等师范学校包括初级学院、科学数学教师中心、教师英语进修班等。其中，初级学院招收普通高中毕业生及同等学力者、小学在职教师。一般而言，理科的学制为2年、文科的学制为2.5年。除了师范高中和高等师范学校外，还有为教师提供进修服务的补习中心、体育学校、艺术学校、古兰经学校等。

沙特教师教育也实行性别区隔。女性学生多就读于师范高中，男性学生则有更多机会进入更高层次的初级学院。自20世纪中叶以来，沙特的女子教师教育取得了较大进展。1961年，女子师范初中建立；20世纪60年代末，女子师范高中快速发展；1991年，师范高中已几乎是女性学生的天地，初级学院也有三分之一以上学生为女性（见表9.1）。[1]

表9.1 1953—1991年沙特师范院校学生人数情况

学年	师范初中			师范高中			初级学院		
	总人数	女生人数	女生占比	总人数	女生人数	女生占比	总人数	女生人数	女生占比
1953—1954	79	0	0%	0	0	0%	0	0	—
1965—1966	5 027	1 161	23.1%	218	0	0%	0	0	—

[1] 黄民兴. 沙特阿拉伯师范教育的发展 [J]. 比较教育研究，1995（5）：43-44.

学年	师范初中			师范高中			初级学院		
	总人数	女生人数	女生占比	总人数	女生人数	女生占比	总人数	女生人数	女生占比
1975—1976	215	65	30.2%	13 800	3 999	29.0%	636	0	0%
1985—1986	0	0	—	10 433	4 848	46.5%	8 907	3 943	44.3%
1991[1]	0	0	—	8 128	8 106	99.7%	19 764	7 073	35.8%

由于国家教育体系和教师教育的快速发展，沙特中小学本国教师的人数不断增长。过去，沙特中小学教师主要是外籍教师，外籍教师主要来自周围的阿拉伯国家，其中埃及人最多。如表 9.2 所示，1962—1963 学年，沙特小学中本国教师的数量接近外籍教师，但是在初高中阶段，本国教师的比例很低。1976—1977 学年，在中小学工作的埃及教师有 1 491 人。相较而言，外籍教师主要集中于数学、英语、阿拉伯语、物理、化学、生物等学科领域，而沙特本国教师集中在社会研究（宗教、历史、地理）相关的学科领域。大量的外籍教师弥补了沙特师资的不足，但也带来了一些问题，如教师素质参差不齐、工作责任心不强、教师文化观念与社会文化观念存在冲突等。不过，随着 20 世纪 70 年代"沙特化"战略的提出，沙特籍的小学教师占比逐渐达到三分之二；到 20 世纪 90 年代，初高中阶段的沙特籍教师的数量也大大超过了外籍教师。[2]

---

[1] 原资料中，前为跨自然年的学年，此栏未跨自然年。表 9.2 同。

[2] 黄民兴. 沙特阿拉伯师范教育的发展 [J]. 比较教育研究，1995（5）：43-44.

表 9.2　1962—1991 年沙特中小学和初级学院中本国教师的人数和比例 [1]

学年	小学		初中		高中		初级学院	
	人数	比例	人数	比例	人数	比例	人数	比例
1962—1963	3 745	49.5%	119	16.7%	14	9.2%	—	—
1970—1971	8 936	51.3%	1 289	38.6%	124	19.1%	109	14.6%
1980—1981	34 389	68.8%	4 153	24.8%	1 181	19.8%	359	16.7%
1991	94 172	78.2%	27 199	63.0%	11 546	57.2%	598	24.3%

整体而言，沙特的生师比水平较低。2014 年，沙特中学阶段的生师比为 11；2015 年，沙特中学阶段的生师比为 12.1。2015 年，沙特小学阶段的生师比为 13.4；2016 年，沙特小学阶段的生师比只有 11.7。沙特的学校基本都是小班教学。在 2015 年的统计中，沙特公立初中的平均班级规模为 26 人，而经济合作与发展组织成员的平均班级规模为 24 人。[2]

二、教师教育的现状

根据经济合作与发展组织等国际组织的统计，全球范围内，基础教育阶段女教师数量显著高于男教师数量。由于沙特男孩和沙特女孩在不同的学校上学，沙特女教师的数量几乎与男教师的数量持平。2015 年，沙特 52% 的教师是女性，而同年经济合作与发展组织成员的女性教师比例为

---

[1] 本表仅展示了公立男子学校的教师人数。
[2] 资料来源于经济合作与发展组织官网。

82.3%。此外，沙特教师的平均年龄也低于其他国家。2018 年，教师教学国际调查数据显示，沙特初中教师的平均年龄不到 38 岁，而经济合作与发展组织成员的初中教师平均年龄超过 44 岁。[1] 这些差异体现了沙特的历史、人口结构、宗教传统等国情对教师教育的影响。

目前，沙特各级各类学校的在读学生约为 600 万，教师总人数约 53.4 万。当然，并非 53.4 万名教师都是学科授课教师，其中约 10% 为学校领导或行政管理人员。[2]

（一）大学是教师教育的重要基地

21 世纪以来，大学逐渐成为沙特主要的教师培养机构。以学前教育教师为例，在 2012 年前后，除了教育部负责的 4 个培训中心提供学前教育教师在职培训外，沙特有 17 所公立大学开设了学前教育的学士学位培养项目。[3] 2017 年以前，沙特国民从事教师职业的途径主要有两条。一种是师范学院提供的并行模式，学生从师范学院获得教育学士学位，并且在其他学院完成相应的学科课程学习。每个学院的课程安排有差异，但都会开设教育理论和研究方法课程。另一种是由教育学院提供的连续模式，学生获得学士学位后完成为期一年的研究生教育。在沙特，这两种模式的教师教育项目均由大学提供，且以公立大学为主。[4] 前文提及的师范学院、教育学院都是大学的内设机构。2017 年以后，学前教育教师的职业准入门槛虽然仍为学士学位，但小学和中学教师的职业准入门槛已逐步提高到研究生学位。

---

[1] 资料来源于经济合作与发展组织官网。

[2] 资料来源于德国统计学家（Statista）官网。

[3] ALJADIDI A A. The professional preparation, knowledge and beliefs of kindergarten teachers in Saudi Arabia[D]. Exeter: University of Exeter, 2012.

[4] AL-ZAHRANI A. Preparing pre-service teachers for the effective use of educational technology in Saudi Arabia[D]. Bundoora: La Trobe University, 2011.

未来，沙特教师教育的并行模式和连续模式可能退出历史舞台，沙特政府正尝试构建连续的"大学本科＋两年制教育硕士研究生"的项目，将其作为沙特公民从事教师职业的主要途径。

在沙特开设教师教育项目的多为沙特较著名大学的相关学院，如沙特国王大学的教育学院。沙特国王大学的教育学院将自己定位为整个中东地区教师教育的火炬手，重视教师教育项目的学术导向，致力于重构教师教育项目的基本形态，如培养教师的方式、培养理念等，以期提升教师教育质量。除了沙特国王大学，阿卜杜勒·阿齐兹国王大学等高校也开设了教师教育项目。

沙特发展教师教育充分借鉴了国际经验，积极参与国际教师教育项目的质量认证工作。例如，沙特国王大学开设的教师教育课程接受了美国国家教师教育认证委员会的认证。

大学开展教师培养工作能够较好地保证师资质量，但经济合作与发展组织的研究也表明，沙特民众还非常关注大学以外的其他教育机构开展的教师教育项目的质量。[1] 在这一方面，沙特的表现不俗。经济合作与发展组织于 2018 年开展的教师教学国际调查数据表明，超过 60% 的沙特教师认为自己的教学实践准备充分，这一比例在调查参与国中排名第五。[2] 这说明沙特教师的自我认知与民众期待较为一致。

（二）成为教师的一般流程

在沙特，从事教师职业的第一步是进入大学学习教师教育学位项目，即前文提及的新手教师培训计划。沙特的教师教育采用理论和实践相结合

---

[1] ALHARBI A. The development and implementation of a CPD programme for newly qualified teachers in Saudi Arabia[D]. Southampton: University of Southampton, 2018.

[2] OCDE. TALIS 2018 results (volume I): teachers and school leaders as lifelong learners[M]. Paris: Éditions OCDE & OECD Publishing, 2019.

的培养模式，约 50% 的课程为课堂基础知识教学，50% 的课程为学校实习，如课堂观察、教学实践等。教师教育核心课程的主要内容包括儿童和青少年发展，社会和文化背景下的学习、课程、评估，主题教学法等基础知识。为了克服理论教学与未来实际教学情境脱节的问题，沙特教育部注重在教师教育项目中加强大学与中小学等主体之间的合作。多主体之间的合作在教师实习阶段产生实际作用，取得较好的教育效果。沙特教育部强调将一线的教学经验带入大学的课堂，选择高水平一线教师作为导师，为"未来教师"提供专业指导。沙特教育部也注重依靠大学的理论知识为一线教学问题提供方案。例如，如何在实际教学中使用形成性评估方法、如何为青春期男孩提供激励反馈等。

从事教师职业的第二步是通过教师职业资格考试。在完成新手教师培训计划后，学生需要通过教师职业资格考试并通过试用期考核，然后成为初级教师。在此期间，新教师将获得额外的支持，在教学实践中提高自身从业能力。[1] 教师职业资格考试是一项涵盖学科知识和教育教学能力的标准化考试，由教育和培训评估委员会和国家考试机构（National Testing Agency）组织，迄今已经实施十余年。考生必须在教育教学考试和相应的学科考试中分别获得总分的 50%。其中，教育教学知识 75 题，学科知识 75 题。此外，沙特政府也会对教师的综合能力进行评估，评估项目涉及多个学科领域，如阿拉伯语、数学、英语、历史、科学、学习困难和行为障碍，考生在综合能力评估中需要达到 60 分以上。[2] 应聘沙特公立学校需要通过教育部进行申请，这意味着教师应聘者要与来自全国的同行竞争，所以这些考试并非纯粹的达标性考试，而是达标性和选拔性二合一的考试，考生取得高分会增加被聘用的机会。

---

[1] OECD. OECD reviews of evaluation and assessment in education: North Macedonia[M]. Paris: Éditions OCDE & OECD Publishing, 2019.

[2] 资料来源于沙特教育部官网。

2005 年，沙特政府推行的塔维尔项目中的基础教育教师教学标准框架如表 9.3 所示。基础教育教师教学标准框架既是教师开展教学工作的基本规范，也是教师职业准入考核的参考依据。[1]

表 9.3 基础教育教师教学标准框架

领域	框架内容
专业知识	掌握学习心理知识及学生学习方式和偏好的知识。
	具备开展识字教学和算术教学的知识能力。
	理解核心概念、调查方法、学科结构以及该学科特有的教学法。
	掌握普通教育学知识。
	能够设计连贯的学习计划。
促进学习	创造机会促进学生学习。
	评估学生学习情况并提供有效反馈。
支持学习	营造尊重学习、支持学习的环境。
	营造好学的文化，对学生成就保持高期望值。
专业责任	与同事和学校委员会高效合作以改进教学。
	不断提高专业能力和实践技能。
	了解沙特教师的职责。

进入教师职业的第三步是加入在线管理系统。在沙特，教师是与政府签订长期合同的公务员，一线教师、教育行政与管理人员等所有教育工作者都按照国家公务员管理。完成新手教师培训计划课程并通过教师职业资

---

[1] ABDULLAH A. Assessing learning outcomes in electrical engineering education: a case study from Saudi Arabia[J]. International journal of electrical engineering education, 2014, 51(4): 354-367.

格考试的教师会进入一个在线管理系统，公务员管理部门通过该系统选拔和安置教师。该在线管理系统根据三个指标对教师进行加权排名：大学平均绩点占 40%、教师职业资格考试成绩占 40%、完成新手教师培训计划以来的待业时间占 20%。

（三）教师的督导评估工作

校长和教师督导员按照教育部规定的程序，定期对教师进行评估。教师评估工作的政策依据是教育督导总局制定的督导标准。沙特的教育督导政策具有较好的延续性，目前采用的督导标准已经更新到第六版。教师督导员使用学校董事会制定的标准化评估表，采用形成性评估和主动学习等理念来评估教师。标准化评估表涵盖了教师出勤率、与同事的互动、教学方法、学生学习表现等几个重点领域。校长采用的评估表和教师督导员采用的评估表存在差异，校长使用的评估表更加个性化。教师督导员虽然每年都进行定期评估，但并非所有教师都接受年度评估。

为了更好地开展评估工作，校长和教师督导员通常会进行课堂观察，并参考教师的课程计划、课程评估、工作记录等资料以获取评估参考信息。校长和教师督导员还会分别测试学生的学业表现，以此作为衡量教师表现的依据之一。

评估结果不仅会告知教师本人，还会被录入教育部的数据库。一些行政部门会基于教育部数据库的数据跨校比较教师质量。但有研究显示，定期评估的结果未必能准确反映教师的能力。例如，教育部工作人员指出，有超过 90% 的教师在评估中得分超过 90 分。[1] 这在一定程度上是一种评价泛化，评估工作的目的应该是促进学校改进工作，而非对学校或教师进行

---

[1] 资料来源于沙特教育部官网。

评级。沙特的教师评估工作如何更好地与学校改进工作相结合，仍然是一个有待研究的重要议题。

第二节 教师教育的特点

一、教师准入门槛逐渐提高

沙特教师教育的一个显著特征是教师教育培养体系逐渐成熟，教师职业准入门槛逐渐提高。2011 年，沙特小学教师招聘的最低学历要求已提高到本科及以上。在政策的推动下，沙特约 98% 的初中教师拥有本科及以上学历。[1] 虽然沙特对教师职业的准入要求显著提升，但考虑到沙特的实际情况，相关政策在实施过程中仍然具有一定的灵活性。

如前文所述，2017 年以前，沙特公民成为教师的主要途径有两条：一是由师范学院提供的并行模式；另一种是由教育学院提供的连续模式。虽然沙特政府正在努力推动建设"大学本科 + 两年制教育硕士研究生"项目，但原有的两种教师教育模式并未马上停止。沙特教育城乡发展差异大，农村地区教师不足，如果一味提高职业准入门槛，完全取消传统的并行模式和连续模式，无疑会加重相关地区教师不足的问题。在沙特，许多教师会通过第二种途径，即连续模式进入教师行业，这部分教师多是在本科毕业后才决定选择这一职业。换言之，对于大部分沙特国民，本科入学时就限定其职业生涯规划并将其持续培养至硕士学位的难度较大。

---

[1] 资料来源于经济合作与发展组织官网。

二、多个机构联合推动在职教师专业培训

在职教师专业培训是沙特教师教育体系的重要组成部分，一定程度上，在职教师专业培训比教师的职前准入培养更为重要。沙特的在职教师专业培训通常由各个地方的培训中心负责。培训中心的工作由中央一级的国家专业教育发展研究院统筹协调。首先，国家专业教育发展研究院委托教师督导员了解所负责地区教师的专业发展和培训需求，定期评估并确定开展在职培训的方式。然后，教师督导员与培训中心沟通，进一步确定培训的具体事宜。培训方案和具体事项确定后，国家专业教育发展研究院组织教师按需参加培训。培训中心在每学期开始时公布其开设的教师专业发展课程，指定专门的培训主管组织相关工作，培训主管有时会入校为教师开展培训。

除各地培训中心开设的培训之外，沙特还通过学校选拔一部分教师，将他们培养成为本校培训师。教师主管确定有培训需求的学科领域，选派教师参加培训，这些教师受训后返回所在学校再培训其他教师。可见，沙特教师专业培训的形式多样。此外，还有各类讲习班、会议、专业学习社区等帮助在职教师提升自我。[1]

三、重视培养特殊教育教师

20 世纪 80 年代，沙特设立了特殊教育的教师教育项目。该项目提供的课程涉及行为矫正、学习障碍、教育规划、特殊教育项目管理、智力障碍、

---

[1] DARLING-HAMMOND L. Does teacher certification matter? evaluating the evidence[J]. Educational evaluation and policy analysis, 2001, 23(1): 57-77.

发展性学习困难等方面。[1]沙特特殊教育教师的培养工作通常由大学完成，这些大学为特殊教育教师提供专业发展、合作教学的机会。特殊教育教师的培养和发展情况体现了沙特教育体系的包容性，也反映了沙特教育现代化的进程。[2]

沙特教育系统致力于将残疾学生及有学习障碍的学生纳入公立学校系统。要想实现这一目标，培养高水平的特殊教育工作者就显得尤为重要。沙特特殊教育的教师必须完成四年制的职前教师教育项目才能获得教师资格证。通常来说，特殊教育教师职前需学习的大多数课程与普通的教师教育项目相同，这些课程主要在前三个学期完成。在第四个学期，学生需选择一个具体的特殊教育类别，如学习障碍、情绪及行为障碍、智力障碍、语言障碍、视力障碍、听力障碍、多重障碍等，然后根据所选类别修读特殊教育的入门课程。第五学期到第七学期为所选类别更专业和更深入的学习。第八学期为实习。

举例来说，沙特某大学教育学院的所有学生在第一学期必须学习阿拉伯语相关课程，并在第一年学习阅读技巧教学课程。学习障碍专业的学生通常会在大学的第一年选修1—2门普通阅读课程；在第五学期到第七学期系统学习如何帮助有阅读障碍的学生提升阅读写作技巧，这些学习内容有助于他们在未来工作中开展特殊儿童阿拉伯语教学课程。最后一个学期，特殊教育职前教师在导师指导下去学校实习，获得相应的教学实习经历。整个课程体系为四年八学期，共计136学时，包括55个普通教育学时、51个特殊教育学时、18个专业教育学时、12个学生教学学时。

[1] NADER A. Special education in Saudi Arabia[J]. Special education: forward trends, 1980, 7(4): 30.

[2] ALQURAINI T. Special education in Saudi Arabia: challenges, perspectives, future possibilities[J]. International journal of special education, 2011, 26(2): 149-159.

第三节 教师教育的挑战和对策

一、教师教育面临的挑战

（一）职前教育质量有待提高

从当前公开的资料和学生的反馈来看，沙特的教师教育质量有待提高。测评数据显示，沙特教师教育项目的学生在一般能力倾向测试等能力考试中的分数低于其他教育项目的学生。沙特新手教师培训计划质量不高主要由如下三个因素所致。第一，许多新手教师培训计划没有设置入学要求，或要求非常宽泛（例如，候选人必须品行良好和身体健康）。现实中，任何完成高中教育并通过大学入学考试的学生都可以申请新手教师培训计划，这与澳大利亚、韩国、荷兰、挪威等经济合作与发展组织成员形成了鲜明对比。在这些地方，新手教师培训计划的准入条件具有高度的选拔性和竞争性，申请者必须在新手教师培训计划提供方组织的标准化考试、或特定学科考试中取得较好的成绩才能被录取。[1] 第二，新手教师培训计划录取的学生数量与教学市场的需求不协调。根据经济合作与发展组织的调查，近年来，大约40万沙特新手教师培训计划参与者申请了大约8 000个教学职位。换言之，沙特教师整体过剩，但学前教育等特定教育阶段又存在合格教师短缺的情况。因此，沙特需要提高新手教师培训计划的入学标准，进一步严把入口关，加强对项目申请者的审核，这也有助于提高教师教育的质量。[2] 第三，沙特民众对待教师职业的态度也影响教师教育项目的发展。

---

[1] OCDE. A flying start: improving initial teacher preparation systems[M]. Paris: Éditions OCDE & OECD Publishing, 2019.

[2] BINHWAIMEL I, ALANADI A. Developing the teacher preparation system in Saudi Arabia in the light of the experiences of Japan and Finland[J]. International interdisciplinary journal of education, 2015, 2(4): 31-50.

在沙特，吸引有能力的学生加入新手教师培训计划并非易事。有研究表明，沙特的教师候选人并没有充足的教学动力，他们甚至对教育都不是很感兴趣。这些候选人往往是被教师职业提供的终身保障和相对体面的职业形象所吸引。教师职业的经济收入虽然稳定，但总体上比私营部门的收入要低。在沙特，人们并不认为教师是一个社会地位较高的职业，这一定程度上影响了从业人员的意愿和整体素质。[1]

（二）教师配给制度存在漏洞

教师教育项目的学生获得学位、通过资格考试以后，进入在线管理系统等待国家选用和分配。但在政策执行方面，这一教师配给制度存在诸多漏洞。第一，该分配制度存在人员积压的问题。在线管理系统根据失业年数等信息，优先考虑那些在该系统中等待较长时间的申请人，即使在教师职业资格考试中获得优秀的成绩也不能消除等待时长的影响，这可能使最合适的教师候选人无法及时得到工作，再加上前文提到的教师总体供过于求的情况，所以很容易导致教师候选人积压，年轻教师无法找到合适工作。第二，教师分配容易出现地理偏差。例如，每个申请人可以同时申请20多个岗位，其中大部分反映了候选人本人的地理偏好，但是理想地区的职位往往被匹配给资历更深的候选人，新人教师往往被派到没有吸引力的偏远地区。尽管一些年轻教师能力突出，但最终可能会被安排在岗位等候名单的末尾，最终获得的可能是一个地理位置不佳、吸引力不高的职位。2016年，国际教育成绩评估协会主导的国际阅读素养进展研究项目数据显示，在沙特农村地区或人口不足3 000人的社区，有近32%的教师工作年限不足

---

[1] GHALEB H A. Educational change in Saudi Arabia[J]. Journal of international education research, 2013, 10(1): 1-6.

5 年，而在更大的社区或人口超过 10 万人的城市中，这一比例为 14%。[1] 该数据充分印证了教师配给制度存在的地理偏差问题。在这种情况下，高意愿、高素质的教师可能会转而寻求其他就业机会，这对沙特教育无疑是一笔损失。此外，待业时间长的候选人可能不了解教学知识和技能的发展前沿，当轮到他们开展教学工作时，易引发教学质量低下的问题。

（三）在职教师专业发展程度低

与国际标准相比，沙特的教师专业发展程度较低。首先，教师专业发展培训参与度较低。对于在职教师来说，其工作量完全根据课堂教学时长来计算，[2] 教师的在职专业发展活动并未被计入工作量或与教师考评挂钩，这在一定程度上限制了教师参与专业发展培训的意愿。其次，沙特提供的教师专业发展培训的小时数较少，大多数专业发展培训都是"一次性"的，缺少后续跟进工作。[3] 沙特提出了一个明确的目标，到 2020 年，教师的年均专业发展培训的小时数从 10 小时增长至 18 小时。据统计，在教师专业发展较为成熟的国家，这一数值在 2016 年便已达到 100 小时。[4] 最后，沙特的教师专业发展管理事务有较强的分散性。在国家一级，沙特教育和培训评估委员会是一个相对独立的标准制定和评估机构，负责制定教师评估标准；教育部负责监督和支持教师；公务员部负责雇佣教师。学校校长、教

---

[1] BRENDAN M, ABDULRAHMAN A. The Kingdom of Saudi Arabia: achieving the aspirations of the National Transformation Program 2020 and Saudi Vision 2030 through education[J]. Journal of education and development, 2018, 2(3): 36-46.

[2] World Bank, ETEC. Measuring the state of education (unpublished)[R]. Riyadh: ETEC, 2016.

[3] AL-SEGHAYER K S. The actuality, inefficiency, and needs of EFL teacher-preparation programs in Saudi Arabia[J]. International journal of applied linguistics and English literature, 2014, 3(1): 143-151.

[4] BRENDAN M, ABDULRAHMAN A. The Kingdom of Saudi Arabia: achieving the aspirations of the National Transformation Program 2020 and Saudi Vision 2030 through education[J]. Journal of education and development, 2018, 2(3): 36-46.

育和培训评估委员会、教育部的教师督导员都会承担教师评估和专业发展的工作。在这种多方管理的情况下，教师难以确定应该遵循什么指导方针，谁来评估他们，他们应该向谁寻求支持，因此也难以获得有针对性的在职培训和有效的专业发展指导。

（四）教师评估模式单一

持续有效的教师专业发展离不开教师评估。根据沙特教育部的规定，学校校长和教师督导员需要按照第六版督导标准，每年定期开展教师评估工作。在教师专业水平难以确定的情况下，通常会采用外部评价系统来确定教师能否晋升职级。[1]

沙特在职教师评价系统的相关政策较完善，注重形成性评价和终结性评价的结合，但在政策实施过程中却并未达到预期目标，实际仍然以终结性评价为主，形成性评价还有待加强。例如，政策规定了在教师试用期间，督导人员应至少实地考察教师四次，以监督他们的表现，并确定其专业发展需求。但由于各种客观条件限制，实际上很难完成四次考察。如何更好地落实教师评价的政策，实现以评价促改进的目标，是沙特优化教师教育体系必须解决的问题。

二、教师教育应对策略

在经济合作与发展组织的《国家教育政策报告·沙特卷》中，沙特就提高教学质量和教师的专业地位提出倡议，具体包括制定新的教师标准、

---

[1] OECD. Synergies for better learning: an international perspective on evaluation and assessment[M]. Paris: Éditions OCDE & OECD Publishing, 2013.

优化教师专业发展途径、实施以研究生教育为基础的新手教师培训计划，以及重新界定教师主管的职责。沙特试图通过这些举措培养一支拥有更高技能、更强动力的教师队伍。经济合作与发展组织指出，实现以上目标的前提是教育部等有关部门能够贯彻落实改革决策，并带领教师真正参与到改革中。[1]

在过去20年里，沙特的政策制定者不断改革教师教育体系。2020年，沙特公布了新的教师标准和专业发展途径。当前，新手教师培训计划正在全面改革，从教的学历要求逐渐提高到研究生层次。为全面领导教师发展工作，沙特成立了一个新机构——国家专业教育发展研究院。诸如此类的举措有助于推动沙特进一步融入国际教师教育环境，培养出一支更熟练、更高效的教师队伍。此外，沙特政府先后启动了两个国家级项目：塔维尔项目和"2030年愿景"。前者是一个教育改革专项计划，后者是一个国家层面的综合改革计划，两者均有力推动了教师教育的发展。为了更好地实现"2030年愿景"，沙特政府还相继推出"2020年国家转型计划"和"国家转型项目2016年倡议"，这些计划或倡议中同样涉及教师教育发展工作。沙特应对教师教育挑战的策略可以总结如下。

（一）启动国家级教育改革项目

2005年，塔维尔项目启动，该项目与教师教育相关的目标如下。建立研究中心；为教师提供更多的专业发展机会；建立教育教学工作的职业标准；为学校配备充足资源，尤其保证实施全纳教育的学校有充足的资源，进而不断改善特殊教育，提高学生学习表现和教师质量。塔维尔项目重视国际合作，与英国教师中心建立了伙伴关系，设计相关活动帮助沙特教师更好地

---

[1] OECD. Reviews of national policies for education: education in Saudi Arabia[R]. Paris: OECD Publishing, 2020: 10-11.

掌握教学内容和知识，积极探索将现代信息技术融入课堂的有效途径。

2016 年发布的"2030 年愿景"提出通过改革沙特的教育系统，丰富教育成果，从而在经济、社会、政治等方面支撑国家发展，最终帮助政府减少对石油产业的依赖。"2030 年愿景"重视培养教师教学的必要技能，强调促进学生个性成长，鼓励开发学生的创造力；将改进教育工作者的教学和培训程序纳入了施政范畴。有沙特学者指出，"2030 年愿景"能够通过制定政策、更新理念、设立课程目标等方式，提升教师能力，优化国家的教师教育系统。[1]

（二）树立专业导向的教师教育理念

沙特 2018 年版的教师标准对教师职业的共同价值观进行了界定，阐释了何为教学实践的良好表现，并对教师的专业素质提出了具体要求。沙特的教师标准包含了国际教师标准中常见的大部分要素，围绕三个核心领域：职业道德和责任（3 个标准和 8 个子标准），专业知识（4 个标准和 16 个子标准），专业实践（4 个标准和 15 个子标准），见表 9.4。[2]

表 9.4 沙特 2018 年版教师标准

职业道德和责任	1. 遵守国家规范、伊斯兰规范和职业道德。
	2. 追求持续的专业发展。
	3. 与其他教师和整个社会积极互动。

[1] ALAMRI A, TANDRA T Y. Teachers' attitudes towards children with autism: a comparative study of the United States and Saudi Arabia[J]. Journal of the international association of special education, 2015, 16(1): 14-25.

[2] KAIREN C. Professional teaching standards: a comparative analysis of their history, implementation and efficacy[J]. Australian journal of teacher education, 2018, 43(3): 93-108.

专业知识	1．具备教学知识。
	2．具备识字、算术和数字技能。
	3．了解学生及其学习过程。
	4．了解课程和教学方法。
专业实践	1．拟定可实现的课程目标。
	2．制定有效的课程计划。
	3．创造有利的学习环境。
	4．形成性地评估学生的学习情况。

（三）制定应时而变的教师标准

2020 年，沙特在 2018 年版教师标准的基础上制定了一个基于绩效的三段式教师职业认证标准，为教师提供了清晰的职业发展路径参考，该标准将教师职业阶段界定为：实践型教师、高级教师、专家教师。沙特开展认证工作，优先对实践型教师进行认证，提拔高级教师和专家教师，以确保严谨、公平地在全国各地分配教师资源。该标准提出，要将表现不佳的教师从在线管理系统中剔除，通过提供高额退职金等措施，引导表现不佳的教师离开教育行业。虽然这些举措遭到了部分教师的反对，但这的确可能是在短时间内优化现有教师资源的最有效手段。

执行 2020 年版的教师标准之后，每个职级的职业期望和晋升要求更加明确，预计有 5% 的教师将获得专家教师资格，15% 的教师将获得高级教师资格。例如，要获得从业者资格并成为实践型教师必须通过考试、进行课堂观察并参加一定小时数的专业发展培训。高级教师和专家教师需要通过特定方式证明自己能够自主实现专业发展，保证自己在未来会担任学校的领导职务，在实际工作中进行更多的创新实践，指导带动更多的新手教师。

相应地，这些高级教师和专家教师将获得更高的薪水，岗位的吸引力随之提高。沙特教师协会计划每五年对教师进行一次重新认证。如果教师没有表现出应具备的能力将会被降职，这体现出了能上能下、动态竞争的管理模式。

（四）实施严格把关的准入制度

沙特提高教师准入门槛，要求部分教师从业者应具备研究生学历，配套性改革措施主要包括：首先，优化人力资源规划，更加合理地设置教师职业的准入门槛；其次，改革教师配给制度，优先考虑师范生个人能力，而不是年限资历和等待时长；再次，出台激励措施，不断增强教师行业的吸引力；最后，优化教育部、教育和培训评估委员会和其他教育部门之间的合作关系，优化管理，提升教师实习的质量。沙特政府上述举措意在提高教师教育的质量和提升教师职业的吸引力，使其获得更多民众的认可。

（五）完善内外结合的教师督导评价体系

2020 年版教师标准重新规定了教师督导人员的职责。首先，沙特政府选择具有行业影响力和公信力的教育工作者来担任督导评估人员，强调称职、公正等任职原则；其次，校长需要更加深入地参与学校教师的定期评估工作，教师督导员协助校长开展教师发展工作和学校改进工作；最后，评估方式强调形成性评价。教育和培训评估委员会成立了特别评估小组，负责教师的晋升评估工作，该小组的工作人员均为第三方独立人员，他们根据专业标准来确定教师是否表现出足够的能力以获得晋升。

同时，沙特还更新了教师督导员的评估工具，采用基于课堂观察、课程计划审核、教学档案追踪等多种方式督导，让教师参与制定行为准则工作，这有助于帮助教师建立更强的职业认同感，并确保督导过程公平。这些举措将内部评价和外部评价相结合，进一步优化行政管理制度，提升教师评价相关行政工作的活力和效率。

第十章 教育行政与政策

第一节 教育行政

1926 年，该地区历史上第一个现代意义上的教育行政管理机构——知识局建立，这被视为沙特教育系统的基石。两年后，为统筹监管汉志地区的教育事务，知识委员会成立。20 世纪 50 年代，知识局与知识委员会合并，并更名为教育部，其权力逐步从汉志地区辐射到了整个国家。[1]

沙特的教育行政管理体制具有高度中央集权的特征，教育事务由中央政府统一管理，与教育相关的重要政策、规划由中央政府出台。国王和宗教学者乌里玛享有最高的教育权力，沙特的王室成员通常在教育行政管理部门中担任要职。纵向上，沙特执行"中央-地区-学校"三级教育行政管理体制，中央和学校两级的权力主体均较为明确，即教育部和学校；地区一级教育行政主管部门包括省地两级。沙特将 13 个省级行政区划分为五个地理区域，东部地区包括 1 个省区：东部区；北部地区包括 4 个省区：北部边境区、泰布克区、焦夫区、哈伊勒区；中部地区包括 1 个省区：利雅得区；南部地区包括 3 个省区：吉赞区、阿西尔区、奈季兰区；西部地区包括 4 个省区：麦地那区、盖西姆区、麦加区、巴哈。共设 15 个

---

[1] 资料来源于沙特教育部官网。

地方教育总局（13 个省级行政区、吉达、艾哈萨各 1）和 32 个地方教育局。地区一级教育行政部门的主要职责是落实中央教育政策。

一、中央教育行政

20 世纪下半叶，沙特逐渐建立起现代教育体制，此后数十年，沙特的教育事务被划分为四个主要系统：公立学校系统（男子基础教育）、女子学校系统（各级各类女子教育）、高等教育系统、职业教育系统。与此相对应的中央层面的教育行政管理部门也有四个：教育部、女子教育总局、高等教育部、技术与职业教育委员会。

21 世纪以来，中央教育行政管理部门经历了两次较大的改革。

首先是裁撤女子教育总局。沙特曾专设女子教育总局管理相关事务。2002 年，为了更为有效地统筹女子教育事务，沙特颁布国王法令，正式将女子教育总局并入教育部。[1] 次年，女子教育总局被撤销，相关职能完全由教育部履行。[2]

其次是将高等教育部并入教育部。2015 年，为了更好地推行教育改革、提高教育行政管理效率，沙特政府将高等教育部并入了教育部。自此，中央层面的教育主管部门仅保留教育部和技术与职业教育委员会，教育部成为中央政府层面最为重要的教育行政机构。机构合并既凸显了沙特中央集权的行政管理特征，也展现了沙特教育现代化的探索过程。

---

[1] ALKHAZIM A. Higher education in Saudi Arabia: challenges, solutions, and opportunities missed[J]. Higher education policy, 2003, 16(4): 479-486.

[2] 米娜. 沙特阿拉伯王国女子高等教育研究 [D]. 兰州：西北师范大学，2017.

（一）教育部

教育部作为沙特最高教育行政机构统领国家教育事务，其管理权限非常大，其工作内容主要包括三部分：一是制定国家层面的宏观教育发展战略和政策；二是负责学校系统办学运行的相关事务，包括学校资助与监管、国家课程与教材的制定与实施、教师标准制定、教师聘任与管理、私立学校与国际学校的监管工作；三是负责教育行政系统运行的相关事务，包括教育部内部机构设置、教育部职员任命与管理、各地教育行政部门机构设置及人员的任命与管理等。为了履行好相应职责，沙特教育部内部设置了若干部门，规模十分庞大。

在沙特，教育部代表中央政府行使教育行政管理权力，但教育行政系统本身的决策权是相对有限的，教育部主要是落实沙特王室的教育决策。为了更好地推行教育改革，教育部与文化部、人力资源和社会发展部、通信和技术部等部门签署了合作协议，教育事业在沙特经济社会转型发展中扮演着越来越重要的角色。

1. 教育部的愿景、使命与战略目标

沙特以培养自豪的、具有全球竞争力的公民为愿景，为此，教育部配备优秀合格的教育管理人员和教师，致力于向公民提供卓越优质的教育。教育部的使命为：首先，为沙特全体公民提供受教育机会，并努力提高教育的过程质量和结果质量；其次，打造教育环境，激发个体创新能力以满足国家发展需要；再次，促进教育系统治理与管理能力建设，提高教育行政人员的能力；最后，塑造学习者的价值观，培养学习者的技能，培养出对家庭、社会及国家有责任感与使命感的公民。

沙特教育部有九大战略目标。第一，塑造公民的价值观、培养公民的

国家归属感。第二，提升学生的学习效果，以点带面，促成整体，提高沙特教育系统在全球范围内的地位。第三，建设与劳动力市场需要相匹配的教育体系。第四，促进教育管理人员的能力发展。第五，提升社会的教育和学习参与度。第六，实施全民教育，为所有公民提供接受教育和终身学习机会。第七，赋权私营部门和非营利性部门，提升教育的经济效益。第八，提升科学研究和创新的质量与效率。第九，大力发展高等教育，加强教育培训机构的建设。[1]

2. 教育部的职责

教育部的基本职责包括：制定国家课程、制定和颁布教育政策、组织实施教育管理人员和教师的培训项目、评估学校、管理教育事业相关从业人员、提高教师的工作表现及学生的学业表现。[2] 教育部对于学校所开设课程的管控尤为严格，不仅公立学校必须严格遵守国家制定的课程体系，采用国家核定的教科书；沙特的私立学校和沙特境内的国际学校也受教育部监管，其所开设的课程受到教育部的严格审查。对于国际学校而言，每周应至少开设一小时的沙特语言文化类课程，如阿拉伯语言课程、伊斯兰文明课程、沙特历史地理等。[3]

基础教育是沙特教育部工作的重要领域之一。基础教育事务主要由国家、地区、学校三级管理体系构成，在国家一级，教育部负责颁布基础教育政策、制定国家课程、分配财政拨款、管理教职工、指定或编订教科书

---

[1] 资料来源于沙特教育部官网。

[2] ALGARNI F, MALE T. Leadership in Saudi Arabian public schools: time for devolution? [J]. International studies in educational administration (commonwealth council for educational administration & management, CCEAM), 2014, 42(3): 45-59.

[3] 资料来源于世界教育新闻与评论官网。

等。[1] 地区一级的决策权非常有限，其主要工作是落实中央决策，这种模式体现了沙特中央集权的教育行政管理特征。

如前文所言，沙特高等教育事务起初由高等教育部管理，高等教育部是与教育部并行的中央教育管理部门。后为了缩小基础教育与高等教育之间的发展差距，进一步推动二者之间的连贯与融合发展，2015 年，高等教育部并入教育部，高等教育的管理职责随之转移至教育部。[2]

职业教育系统的相关工作主要由技术与职业教育委员会负责。1980 年以前，沙特的职业教育事务实行分级管理，中等职业教育由教育部负责，各地的职业训练中心属于劳动与社会事务部，技术研究机构隶属于市政、农村事务和住房部。1980 年，技术与职业教育委员会成立，职业教育相关事务统一交由技术与职业教育委员会负责。技术与职业教育委员会负责确定职业教育培训课程及国家培训标准，并直接管理沙特境内的两年制及四年制技术学院、职业培训机构。[3]

技术与职业教育委员会具有多重属性，形式上，它是一个独立运行的机构，是沙特专事职业教育的政府机构，但同时，它又是一个隶属于教育部的专业委员会。技术与职业教育委员会日常事务及部门运行由董事会负责，董事会成员主要来自政府部门及私营企业。从 2018 年开始，教育部逐渐主导了技术与职业教育委员会的董事会，因此，可以说自 2018 年起，技术与职业教育委员会逐渐与教育部形成了隶属关系。这一改革措施与 2015 年高等教育部并入教育部有异曲同工之处，实质上都是在扩大教育部的管理权限，进一步强化中央集权，提高行政效率，促进各级各类教育之间的融合发展。教育部权责的扩大展现了教育事业在沙特国家转型发展中的战略地位。至

[1] SAMIER E A, ELKALEH E S. Teaching educational leadership in Muslim countries: theoretical, historical and cultural foundations[M]. Singapore: Springer, 2019: 171-186.

[2] 资料来源于沙特教育部官网。

[3] SAMIER E A, ELKALEH E S. Teaching educational leadership in Muslim countries: theoretical, historical and cultural foundations[M]. Singapore: Springer, 2019: 171-186.

此，沙特教育部成为中央一级主管教育事务的行政单位，负责基础教育、高等教育、职业教育等各级各类教育事务。同时，国内公私立教育机构及境内国外教育机构也受其监督管理。

3．教育部的组织结构

沙特教育部设有 1 名大臣、1 名大臣助理、1 名副大臣、1 名高等教育副大臣。

沙特教育部设有 13 个核心职能部门，根据业务领域，可将其划分为四大块。由教育大臣直接领导的 2 个部门：规划发展司和国际合作司；由大臣助理领导的 3 个部门：项目运行司、通用服务司、人力资源司；由副大臣领导的 4 个部门：普通教育司、私立普通教育司、学校事务司、教育项目司；由高等教育副大臣领导的 4 个部门：研究与创新司、奖学金事务司、大学教育司、私立大学教育司。

在 4 位领导和 13 个核心职能部门之下，又有多个三级机构和职能领域。例如，教育大臣既要直接管理大臣助理、副大臣、高等教育副大臣，负责 2 个核心职能部门，还要负责 9 个三级机构和职能领域，如大臣办公室、内部审计管理处、媒体及交流管理处等。

可以说，由于教育权力不断向中央集中，沙特教育部形成了规模庞大、职能部门数量多的特征，其机构称谓和权责划分都有一定的复杂性。该体制的一大优势是能够保障中央决策得到有力执行。

（二）乌里玛对中央教育行政的介入

乌里玛参与沙特的国家教育事务有着悠久的历史。乌里玛在全国范围内传播伊斯兰思想。其中，教育系统是乌里玛产生影响最为广泛的领域之一。沙特政府允许乌里玛参与课程开发等教育管理事务。[1] 21 世纪以来，乌里玛对于教育政策的影响有所减少，但乌里玛依然是中央教育决策的重要参与方，对于教育政策制定的影响并未停止。[2]

沙特高等教育国际化战略采取渐进式、分块式的方式推进，这是沙特政府在改革派与保守派的博弈之间做出的折中方案。[3]

（三）其他行政力量

20 世纪末期，沙特的教育事务除受教育部、高等教育部、女子教育总局、技术与职业教育委员会的直接监管外，还受到国防部、卫生部、劳动和社会事务部等多个部门的影响，呈现多方领导的特点。[4] 例如，虽然教育部监管大部分沙特高校，但一些行业特色高校由其他部委监管，沙特国王大学所属医学、药学学院属卫生部管理，法赫德国王石油矿产大学属矿业能源部管理。此外，面向沙特青少年的司法教育由劳动与社会事务部负责监管。[5] 可见，沙特多个部委在教育事务中均有较高的参与度，这也是沙特重视教育、教育在国家战略转型中具有重要地位的另一个表现。

[1] PROKOP M. Saudi Arabia: the politics of education[J]. International affairs, 2003, 79(1): 77-89.

[2] QUAMAR M. Education system in Saudi Arabia of change and reforms[M]. Singapore: Palgrave Macmillan, 2021: 38.

[3] 马青. 理想与现实：沙特阿拉伯王国高等教育国际化发展研究 [J]. 比较教育研究，2019，41（6）：50-57+66.

[4] 黄民兴. 沙特阿拉伯教育制度的发展及其特点 [J]. 西北大学学报（哲学社会科学版），1992（2）：120-126.

[5] 联合国经济及社会理事会. 联合国预防犯罪和刑事司法标准和规范的使用和适用 [R]. 维也纳：预防犯罪和刑事司法会员会第 12 届会议，2003：5.

二、地方教育行政

沙特实行自上而下的教育行政管理体制，相关教育决议由中央政府决定，地方教育行政部门的决策权有限，主要负责执行中央的决策。沙特有13个省级行政区，各省级行政区域的行政长官通常从王室成员中任命，市政委员会成员则通过任命及选举两种方式产生。[1] 地方教育行政部门执行上级决策，直接管理地方学校。由此，沙特形成了"中央–地方–学校"三级管理体系。地方教育行政部门主要参与管理基础教育事务、统筹管理国内学校事务，不具备高等教育事务的管理权限。沙特教育部对学校校长的角色及职责做出明确规定，包括维护良好的学校环境、全面理解国家教育目的、掌握学生的阶段性发展特征、合理分配教育资源和教育设备、与学生教师家长等利益相关者建立良好关系、监管并评估教师和学生的各项表现、为学校制定短期及长期规划等。[2] 可见，在沙特，具体到每一所学校校长应该如何履行职责、履行何种职责，都是由教育部规定的。这体现了中央政府全盘负责、制定政策，地方负责落实的中央集权行政制度特征。

三、教育行政运行案例

本书选取一份教育政策和一项政务工程，分别介绍其情况，呈现沙特教育行政运行过程。

---

[1] 资料来源于大不列颠百科全书官网。

[2] ALAMEEN L, MALE T, PALAIOLOGOU I. Exploring pedagogical leadership in early years education in Saudi Arabia[J]. School leadership & management, 2015, 35(2): 121-139.

（一）《沙特阿拉伯教育部十年计划纲要（2004—2014 年）》的制定与实施情况 [1]

《沙特阿拉伯教育部十年计划纲要（2004—2014 年）》（以下简称《十年计划纲要》）是 21 世纪以来沙特教育改革发展最为重要的政策之一。《十年计划纲要》的制定与实施先后经历了准备，确定愿景和目标，制定行动计划，将计划发送至相关部门，向专家介绍计划并征求意见，估算计划执行期间所需资金，批准、发布和执行计划 7 个环节，较好地呈现了沙特制定和推行一项教育政策的流程。

第一，准备环节包括分析研究、预测研究、实地研究等内容。其中，实地研究部分包含了对教育大臣、教育副大臣、教育督导员、校长、副校长、教师、学生、律师等人员的深度访谈，以便将他们的意见纳入《十年计划纲要》，这很大程度上反映了沙特自上而下的行政管理方式。

第二，确定愿景和目标这一环节体现了教育部下放权力、鼓励社会参与教育事务的特点。《十年计划纲要》提到，研究团队拟定愿景和目标后，需要与教育部官员及教育界相关政党代表磋商，然后将草案提交至由社会代表组成的顾问团体及相关专家讨论和审查，听取意见后修改完善。

第三，在制定行动计划环节，教育部主持召开内部研讨会。行动计划制定团队成员与实地研究的团队成员类似。此外还有一些专家顾问。

第四，将计划发送至相关部门环节体现了教育部对跨部门合作的重视。教育部确定目标及行动计划之后，需要与相关部门全面协调，明确各个部门的职责分工及具体任务，并制定政策实施的财政预算。例如，《十年计划纲要》中"做好 4—6 岁儿童的学前教育工作"一项，主要负责机构是沙特阿拉伯全国儿童委员会和教育部，但也需要人力资源和社会发展部、商务

---

[1] 张德祥，李枭鹰，李珊，等. 阿富汗、伊拉克、伊朗、沙特河拉伯教育政策法规 [M]. 大连：大连理工大学出版社，2020：181-191.

部、民政部，各大学和国际组织提供支持。

第五，向专家介绍计划并征求意见环节是指将计划提交给国内外专家审议。相关计划获得大多数专家认同后才能进入下一环节。《十年计划纲要》在此注明，国内外专家包括阿拉伯国家的专家和非阿拉伯国家的专家。宗教学者是国内专家组的重要组成人员，这体现了宗教在沙特教育事务中的重要地位。

第六，估算计划执行期间所需资金的环节完全交由专门的财务工作团队负责，财务工作团队主要由教育预算总指挥（负责男性教育事务）、教育预算总助理（负责女性教育事务）、教育规划主任、行政规划主任组成。

第七，批准、发布和执行计划的环节体现了严格的自上而下行政管理特征。《十年计划纲要》制定团队需要向教育部提交《十年计划纲要》相关的各类研究文档、执行计划、后续措施方案等。《十年计划纲要》经教育大臣批准后在次年生效。为做好《十年计划纲要》实施工作，教育大臣委托教育规划总局（规划发展部司的下设部门）确定第一年具体工作，同时也要求各地区教育行政部门及相关责任机构根据教育部的《十年计划纲要》制定第一年的执行计划，在这一环节，教育规划总局为地方提供相关支持。

（二）教育电子政务系统建设项目

建设高效的电子政务系统是沙特教育改革的重要内容之一。为此，沙特教育部开通了教育电子政务系统，用于办理学生转学、注册、学历证书补发、学生档案查看、家长对私立学校收费投诉事宜受理等48项日常事务，极大地提高了教育行政效率。沙特教育部开通的教育电子政务系统主要有努尔系统、塔瓦苏尔系统等。截至2020年第三季度，努尔系统累计服务了10 597 501位沙特民众，塔瓦苏尔系统累计服务了208 079位沙特民众。[1] 在

---

[1] 资料来源于沙特教育部官网。

中央政府的协调下，地方教育部门积极引入上述系统。麦加区教育总局积极利用努尔系统为学生、教师、家长、学校管理人员提供服务。为了更好地执行中央政府的教育政策，麦加区还建设了大楼维护系统、经费预算系统、未来之门电子学习管理系统等，并配备专职人员，[1] 切实提高地方教育行政部门的工作效率及服务效果。该案例反映的是教育行政部门如何在信息化背景下，层层往下推进实施相关计划的情况，体现了沙特中央集权的行政体制特征。

第二节 政策与规划

进入 21 世纪以来，为进一步推动国家经济的多元化发展，摆脱对石油经济的过度依赖，沙特社会转型改革进程显著加快。沙特的社会改革是一个涉及政治集团利益、精英集体利益、石油利益等多方面的复杂事宜，这也是沙特教育改革最为重要的宏观背景。沙特政府近年来颁行的重要教育改革政策与规划可以分为两类：一是国家的整体改革发展规划，教育始终是其中的一个重要组成部分；二是专门针对教育系统的改革规划。

一、国家整体改革发展中的教育行动

近年来，沙特国家层面最为重要的改革发展规划是 2016 年 4 月颁行的 "2030 年愿景"。"2030 年愿景" 的三大主题是 "充满活力的社会""繁荣发展的经济""充满抱负的国家"。[2] "2030 年愿景" 确立了沙特未来

---

[1] 资料来源于麦加区教育总局官网。

[2] 资料来源于 "2030 年愿景" 官网。

15 年的发展方向，提出到 2030 年将沙特建设成为阿拉伯与伊斯兰世界的中心、全球性投资强国和亚非欧交通枢纽三大目标。同年 6 月，沙特内阁在"2030 年愿景"的整体框架下批准了"2020 年国家转型计划"，将其作为"2030 年愿景"的有机组成部分，"2020 年国家转型计划"的核心目标是大幅提高非石油经济的收入，到 2020 年创造 45 万个新的就业机会。"2030 年愿景"和"2020 年国家转型计划"的出台标志着沙特开启全面变革的新时代，其勾勒出的蓝图辐射经济、政治、宗教、社会等多个方面，影响深远。[1] 为了实现上述目标，沙特政府提出要建设"沙特化"的知识经济体系，将教育作为其中的重要引擎，[2] 对教育改革进行了多维度的部署。

（一）"2030 年愿景"中的教育内容

"2030 年愿景"提出"充满活力的社会""繁荣发展的经济""充满抱负的国家"三大主题，各主题均对教育事业提出了相应的要求和期待。

1. 充满活力的社会

该主题下子条款"促进儿童性格的健全发展"明确指出，要"通过建立完善的教育体系，在儿童性格培养教育中引入积极的道德理念……重点关注创新力、忍耐力、领导力等基本能力以及儿童的社会技能、文化知识、自觉意识等。"沙特政府明确提出良好的家庭教育在帮助儿童建立文化认同方面的重要作用。良好的家庭教育有助于建立稳固的健康和社会保障体系，父母参与儿童教育是教育成功的重要因素。到 2020 年，沙特要实现 90% 的

[1] 崔守军，杜普. 沙特阿拉伯国家转型探析 [J]. 世界政治研究，2018（2）：104-121+206-207.

[2] BRENDAN M, ABDULRAHMAN A. The Kingdom of Saudi Arabia: achieving the aspirations of the national transformation program 2020 and Saudi Vision 2030 through education[J]. Journal of education and development, 2018, 2(3): 36-46.

父母参与到学校活动和子女学习过程之中的目标。此外，该主题还强调学校与家庭应加强教育合作，并强调教育、文化和娱乐机构在推广各项活动方面的能力。

为了实现上述教育目标，沙特政府推出针对性的项目以评估学校将父母纳入子女教育的程度。第一，学校要建立家长委员会，开设论坛，提高父母的参与度；第二，教师要接受培训，提高与家长沟通的能力；第三，私营部门、非营利机构要参与教育事务，教育机构等应加强与私营部门、非营利机构的合作，提供创新性的教育项目。[1]

2. 繁荣发展的经济

该主题对国家教育事业提出明确要求，即"繁荣发展的经济通过建立符合市场需求的教育体系，为企业家、小型企业和大型公司创造商机，向所有人提供机会。""繁荣发展的经济"这一主题主要分为"回报丰厚的机会""长远的投资""开放的商业""独特的地理位置"四部分。其中，"回报丰厚的机会"和"长远的投资"两部分对教育事业提出了相关要求。

"回报丰厚的机会"子主题强调要"帮助每一个人获取实现个人目标所必需的技能"，提出继续加大在教育与培训领域的投入，确保年轻人具备未来所需的职业技能，让沙特的孩子们，无论身在何处都能够享受到更高质量和更全面的教育。此外，该部分还强调加大对学前教育的投入、完善国家课程体系、开展对教师和教育专家的培训、在重要学科领域提供奖学金等。沙特开展国家劳动力通道项目，通过设立行业委员会，准确定位每一个社会经济部门所需要的技能和知识，以便使教育成果最大程度地符合市场需求。同时，沙特为女性、残疾人等群体提供公平的教育和工作机会，

---

[1] Kingdom of Saudi Arabia. Saudi Vision 2030[R]. Riyadh: Government of KSA, 2016: 14-33.

并将终身教育作为重点。相关工作由新成立的就业和反失业委员会统筹协调。除此之外，政府还强调建设对国内外人才具有吸引力的大环境，鼓励建立更多私立学校，以保证经济的活力和促进其多元发展。

在"长远的投资"子主题中，沙特政府提出，帮助学生做出慎重的职业规划并为其提供培训服务，优化教育路径。到2030年，计划有至少5所沙特的大学进入全球前200名，沙特学生的学业成绩超过国际教育指标的平均值。为此，沙特政府计划制定一套现代化的课程体系，在文学、数学、技能、品格等方面制定严格的标准。加强过程监管并公开教育成果，及时更新教育进展。沙特将完善相关规定，为投资者和私营部门铺平道路，使其能够充分参与到教育等目前由政府部门提供服务的领域中，促进政府由服务提供者角色向监管者角色转变。政府将与私营部门、学徒培训机构、产业技术委员会等建立战略合作关系。此外，沙特还将制定不同教育领域的工作标准，建立全国统一的学生数据库，收录学生学前教育、基础教育、高等教育、职业教育等各阶段各方面的数据，以改善教育规划、监管、成果评估等环节的工作。[1]

3．充满抱负的国家

该主题主要指向政府职能的转型与变革。虽然该部分的重点不在教育改革，但部分承诺不可避免地会对教育改革产生影响。与教育较为相关的主要有以下两方面。

第一，萨勒曼国王人力资本发展规划。沙特政府指出，在"2030年愿景"实施之初，国家还难以制定出能够立项的完整工作方案，公共部门职员尚未完全掌握必要的工作技能。到2020年，政府计划对50万名政府工作人员实施远程培训，各级各类政府机构都必须采用最优的人力资本发展

---

[1] Kingdom of Saudi Arabia. Saudi Vision 2030[R]. Riyadh: Government of KSA, 2016: 34-61.

方案。萨勒曼国王人力资本发展规划将为每个政府部门建立人力资源中心，通过提供具有连续性的职业发展培训、分享知识等措施，提高政府工作人员的工作能力。

第二，建设高效的电子政务。过去十年间，沙特在电子政务方面取得了卓越的成绩，服务范围包括在线学习等教育相关的领域，极大提高了居民的生活便利度、学习便利度。沙特将进一步拓展现有在线服务范围，通过精简程序及丰富通信手段来提高服务质量。[1]

（二）"2030 年愿景"小结

"2030 年愿景"及其配套的"2020 年国家转型计划"，为沙特当前的教育改革明确了方向。"2030 年愿景"框架下的教育改革以国家劳动力的发展和就业为抓手，强调提高私营力量在国家教育体系中的作为和利用外国优质资源促进本国的人力资源发展。可以预见，上述措施对沙特教育未来的发展将产生重要而深远的影响。虽然这些改革措施具有较强的经济导向，甚至表现出一定的工具理性色彩，但沙特的传统价值观，尤其是宗教文化仍然在其中扮演着重要的角色。[2]

"2030 年愿景"中对于教育的阐述一定程度上加强了社会各界对于教育事务的重视程度和参与度。"2030 年愿景"强调家庭教育、社会需求，通过充分调动各方资源以实现教育与社会需求相匹配的目标。"2030 年愿景"还在加强政府部门间协调合作、强调员工培训与发展、注重电子政务方面提出要求，使教育相关行政部门迎来了改革发展契机，为国家教育体系的良好运行、教育资源的优化配置提供更加高效稳健的支持系统。

---

[1] Kingdom of Saudi Arabia. Saudi Vision 2030[R]. Riyadh: Government of KSA, 2016: 62-77.

[2] BRENDAN M, ABDULRAHMAN A. The Kingdom of Saudi Arabia: achieving the aspirations of the National Transformation Program 2020 and Saudi Vision 2030 through education[J]. Journal of education and development, 2018, 2(3): 36-46.

二、专门的教育政策与规划

在"2030 年愿景"颁行以前，产生过重要影响的教育改革有 1996 年推行的综合教育评价项目、2003 年颁行的《沙特阿拉伯教育部十年计划纲要（2004—2014 年）》、2005 年推行的塔维尔项目。本节选取《十年计划纲要》和塔维尔项目进行介绍。

（一）《沙特阿拉伯教育部十年计划纲要（2004—2014 年）》[1]

为配合第八个五年发展计划的实施工作，沙特教育部于 2003 年颁布《十年计划纲要》，该文件于 2004 年正式生效。《十年计划纲要》是 21 世纪沙特教育改革最为重要的文件之一，被视为"2030 年愿景"中教育改革的序章。"2030 年愿景"中的许多教育改革举措都体现出对《十年计划纲要》的延续。

《十年计划纲要》设定了到 2014 年年底沙特教育部要实现的工作目标。第一，使沙特的男女学生均形成伊斯兰价值观，具备一定的宗教学识，通过学习和实践获得相应的知识和技能。第二，使学生能够积极应对和迎接现代社会的各项变革。第三，使学生能够灵活有效地应用先进技术，以应对科学和实践领域的国际竞争。塑造学生的伊斯兰价值观被放在首位，这既是沙特文化传统的体现，也是对当时时代背景的回应。在 21 世纪初，不断发展的大众传媒对沙特的民族认同和文化认同造成了一定的冲击，因而沙特政府将塑造学生的伊斯兰价值观融入学校教育目标之中。帮助学生学习并掌握一定的知识和技能，主要是为了通过教育优化国家人力资源，提升个体人力资本和满足个人生活水平，从而实现社会经济的整体发展。另

---

[1] 张德祥，李枭鹰，李珊，等. 阿富汗、伊拉克、伊朗、沙特河拉伯教育政策法规 [M]. 大连：大连理工大学出版社，2020：181-191.

外,《十年计划纲要》强调通过教育使沙特在国际竞争中保持优势地位,这是自由贸易趋势所带来的教育国际化趋势和国际关系局势变化带来的新要求。《十年计划纲要》提出的教育改革主要围绕基础教育学段、女性教育、特殊教育、成人教育、国家课程、行政体系等方面展开。需要指出的是,由于当时高等教育部仍然是独立运行的机构,尚未并入教育部,所以《十年计划纲要》主导下的教育改革并未涉及高等教育。

1. 兼顾各学段改革要求

首先,进一步做好针对4—6岁儿童的学前教育工作,在2014年达成下列目标:4—6岁适龄儿童的学前教育人数增加40%;提高学前教育的项目质量和活动水平;为幼儿园配备专业幼师,以顺利开设相关课程;制定工作目标和计划,研发评估工具以评价学前教育质量;制定学前教育教师的培养计划和资格认证方案。

其次,进一步做好针对6—18岁适龄学生的基础教育工作,在2014年达成下列目标:基础教育入学率提高2%,基础教育入学率达到90%及以上;做好学生住宿服务工作,为现有学校和新建学校配备住宿设施,确保入学率提升以后能够满足学生的住宿需求;加强教师队伍建设,使教师数量年增长率维持在3.5%,以满足不断扩大的教育需求。

此外,进一步做好成人教育工作,《十年计划纲要》提出,要加强教育系统的灵活性,便于成人学生中止或继续学业;为正规教育系统以外的学生提供平行教育通道;加快发展远程教育;提供符合成人教育特点的教学环境;满足扫盲教育需求,提高成人教育的教学质量。

2．关注女性教育和特殊教育

《十年计划纲要》提出要加强女性职业教育相关的法规及制度建设，加大对女性的职业教育培训力度，将女性的劳动参与率提升至30%。

《十年计划纲要》强调要针对有特殊需求的学生发展特殊教育，具体包括：为在科技创新领域卓有成就的学生提供特殊教育项目；建立符合国际标准的现代特殊教育制度；为残障学生制定特殊教育计划；为有特殊需要的学生提供所需物资及必要的教育环境；加强教师队伍建设，使教师为开展特殊教育工作做好准备；鼓励私营部门参与特殊教育事务；鼓励社会公共部门保护特殊儿童权利。

3．课程设置、考核标准等坚持本土与国际并重

随着全球化进程的不断推进，沙特一方面注重使自身教育体系与国际接轨，另一方面也强调培养学生的传统价值观。在国际化发展方面，不断与国际考试项目和学业测评项目接轨，掌握其中的标准，帮助学生做好应对全球化时代的准备，提升沙特不同年龄阶段学生在数学和科学领域的国际测评成绩。具体措施有：教育部加强与其他国家教育部门、国际组织等在文化教育领域的交流与合作；教育部加强在教育文化活动中的参与度；提高执行国际组织和地方教育组织相关教育计划和项目的效率；确保学生的学术表现和知识水平达到国际标准；鼓励学生积极参加国际数学和科学考试。

在传统价值观培养方面，首先，要启发学生用科学客观的视角来看待和应对国家面临的各项挑战，要培养学生宽容待人的理念，要拒绝极端观点，要发挥教师在培养学生的国家忠诚度方面的作用。其次，要根据伊斯兰宗教价值观，结合国际发展趋势制定教学大纲，促进学生的个性化发展。

4．国家教育系统改革

《十年计划纲要》指出，要改善教育内外部系统。对于教育系统内部，一方面要督促各级教育行政部门加强自身能力建设，另一方面要建立统一的问责制度。

在加强自身能力建设方面，根据国际趋势，制定教育部工作人员的教育和培训方案、在教育系统内部开展培训与评估工作；全面推动教育部门行政能力建设工作，完善系统内部行政程序，赋予地方各级教育部门和学校更多权力，加强监督和指导。在学校一级，推进校舍建设及设备更新工作，提升教师的教学资质，扩大信息技术在教学中的应用范围。在建立教育系统内部统一的问责制度方面，每四年进行一次全国考试，以评估学生的学业成就及学校的教育质量；每四年进行一次学校综合评估；在公立学校建立教育信任机制；评估并改进教育部的教育支持计划。

《十年计划纲要》还强调要发挥教育系统外部力量，扩大社会参与教育的范围。例如，鼓励社会力量参与扫盲计划、加大教育督导人员参与学校管理的力度、采用现代科学技术手段促进学校与其他社会机构之间的交流沟通等。

（二）塔维尔项目 [1]

2005 年，沙特推行塔维尔项目。前文提及的"2030 年愿景"是国家层面的宏观改革，教育是其重要组成部分；而塔维尔项目则是一个纯粹的教育改革项目，聚焦中小学阶段公立学校。塔维尔项目以理科为改革起点，广泛学习国际经验，更新课程体系和教科书，推动教师的培训与专业发展

---

[1] QUAMAR M. Education system in Saudi Arabia of change and reforms[M]. Singapore: Palgrave Macmillan, 2021: 114-117.

工作。整体而言，塔维尔项目对沙特教育产生了积极的作用。

塔维尔项目分 2007—2012 年、2012—2017 年两个实施阶段，第一阶段挑选了 25 所男子学校和 25 所女子学校作为项目实施学校，第二阶段进一步增加了项目实施学校数量。沙特政府共投入 24 亿美元的资金，以期加强科学教育、改进教学方法、全面提升公立教育质量，累积培训 50 万名一线教师。

塔维尔项目制定了全国统一的国家课程体系、各级各类学校教育的质量标准，将科学学科作为课程改革的核心，同时完善了技术和专业教育的课程。沙特政府在国际课程专家的协助下，制定了新版的数学和科学课程与教材，于 2010 年在全国公立学校推行。与旧的课程和教材相比，新版课程和教材更加强调学习的互动性、趣味性，以及学生的主体性，强调家校合作，教育部为此还专门研发了一个配套的门户网站，该网站提供教学法、课程内容、课余活动等方面的辅助资料。

关于塔维尔项目的评价包括正反两方面。一方面，塔维尔项目极大地推进了沙特公立教育体系的现代化进程，尤其在数学、科学课程方面，改变了人们对"教育就是灌输知识"的传统印象，提高了民众的教育满意度，提升了教育参与度，学校数量、学生数量大幅增加。另一方面，塔维尔项目在数学和科学课程中有意规避了宗教意识形态相关内容，这引发了保守宗教势力的反对，社会科学和语言等必然涉及宗教内容的科目未纳入改革；此次改革对教育行政人员的培训关注度不够，导致行政系统无力应对因改革诱发的新问题。但无论如何，塔维尔项目对于沙特教育发展利大于弊，是 21 世纪以来最为重要的教育改革项目之一，一些思想和措施也在"2030年愿景"中得到了延续。

三、实施与挑战

当前，沙特是在"2030年愿景"的整体框架之下实施教育改革，因此，要了解沙特教育政策规划的实施与挑战，应该从"2030年愿景"宏观层面和教育改革具体层面进行把握。

（一）政策实施情况

1."2030年愿景"宏观层面

在"充满活力的社会"方面，项目实施五年来，沙特在全球幸福指数排名中从37位上升至21位，向社会开放的国家遗产数量从241个增长至354个。在"繁荣发展的经济"方面，沙特的非石油财政收入从1 660亿里亚尔增长至3 690亿里亚尔，非石油国内生产总值占比从55%上升为59%，外国直接投资总量从53.2亿里亚尔增长至176.2亿里亚尔，女性人口的就业比例从19.4%上升为33.2%，学前教育的入学率从13%上升为23%，科研论文数量从15 056篇/年增长为33 588篇/年。在"充满抱负的国家"方面，沙特的电子政务成熟度从60%提升为81.3%，政府效率指数排名从全球83位上升为75位，全国志愿者人数从23 000人增长至409 000人，志愿服务的经济价值从0.6里亚尔/小时增长至21.27里亚尔/小时，体育运动联盟数量从32个增长为64个，沙特公民在医疗、通信、信息技术、工程技术等行业的从业比例从18%上升为24%。[1]

从以上数据来看，"2030年愿景"的实施情况良好，沙特的社会改革取

---

[1] Kingdom of Saudi Arabia. Vision 2030 achievements[R]. Riyadh: Government of KSA, 2021: 163.

得了显著成效。教育改革作为"2030 年愿景"的重要一环，发挥的作用不容小觑。

2．教育改革具体层面[1]

在优化学前教育和基础教育体系方面，沙特学前教育入学率从 2015 年的 13% 提升至 2020 年的 23%。值得一提的是，孤儿的基础教育受教育率在 2020 年达到 100%。沙特积极发展科学、技术、工程、数学（Science、Technology、Engineering、Mathematics，简称 STEM）教育，新创办了 104 个校内 STEM 教育中心，主要目标是提升基础教育阶段的教师和教育督导人员的 STEM 专业能力。在国际数学与科学教育成就趋势调查研究中，沙特学生的数学成绩显著提升。在新冠肺炎疫情期间，沙特利用现代教育技术，开发了一个新的在线教育平台，该平台累计开设 1.48 亿门基础教育阶段的相关课程，日均在线课程数量达 110 万门。

在职业教育方面，改革成效远超政府预期。2020 年，沙特中学毕业后接受职业教育的学生比例约 23.8%，而政府设置的目标仅为 12.5%。沙特政府不断拓展职业教育的范围，推出娱乐业创新项目、创办沙特数字学院、成立 14 个数字创新实验室、创办沙特地产研究院、成立工业发展资助研究院、开设 20 个工业技能培训项目、成立财政学院等职业教育机构。沙特政府高度重视在职业教育领域开展国际合作，培养旅游、餐饮、酒店管理等方面的人才，助力本国的服务业发展。

在高等教育方面，五年间，沙特政府在科研成果发表方面提供了 3.5 亿里亚尔的专项经费，科研论文数量增长幅度达到 120%，公立高校单年获批专利数量达 143 项。沙特政府派遣本国学生到国际一流教育机构求学；结合

---

[1] Kingdom of Saudi Arabia. Vision 2030 achievements[R]. Riyadh: Government of KSA, 2021: 80-93.

本土文化资源开发与保护的需求，完善了相关专业（如音乐、戏剧、电影、考古等）的本硕博学位体系；在此期间，沙特国王大学还开设了沙特第一个中文语言专业。

（二）面临的挑战

1."2030 年愿景"宏观层面

沙特"2030 年愿景"的实施受到国内外多种因素的影响。国际方面，沙特与周边国家的关系、石油市场的激烈竞争、沙特的国际形象都影响其改革进程。国内方面，2015—2020 年沙特财政连续赤字、社会活力不足、新旧利益群体博弈、[1] 各方势力关系复杂 [2] 等因素都影响着"2030 年愿景"中教育改革相关措施的落实情况。

2．教育改革具体层面

沙特的现代教育体系具有福利性的特征，这样的福利教育体系在短时间内极大地改变了沙特教育的基本面貌，但也引发了宗教教育和世俗教育不均衡、教育中的性别不平等、教育中政治色彩鲜明等问题。[3] 在政策执行层面，各级教育行政人员对政策的理解、个人素养及执行能力、社会民众对改革政策（尤其是部分触及宗教传统的改革项目）的认知等方面存在问题，这也对新旧教育体制的衔接和过渡产生一定影响。[4]

---

[1] 马小东. 萨勒曼国王执政以来沙特阿拉伯社会改革研究 [D]. 上海：上海外国语大学，2021：48-55.

[2] 刘中民，刘雪洁. 萨勒曼执政以来沙特的国家转型及其困境 [J]. 西亚非洲，2020（5）：59-81.

[3] QUAMAR M. Education system in Saudi Arabia of change and reforms[M]. Singapore: Palgrave Macmillan, 2021: 48-49.

[4] 孔令涛，沈骑. 沙特"2030 愿景"中的教育发展战略探析 [J]. 现代教育管理，2017（11）：124-128.

第十一章 中沙教育交流

第一节 交流历史

一、从建交到 21 世纪初

1990 年 7 月 21 日，中沙两国正式建交，两国关系进入新的发展时期，中沙教育交流最初主要集中在阿拉伯语教育领域。1990 年，沙特出资，在北京大学修建了语音实验室，供中国学生使用。1995 年，沙特出资援建了北京大学马坚伊斯兰学术研究基金会，给中国开设阿拉伯语专业的各大学赠送了 30 册一套的《阿拉伯世界大百科全书》。[1]

1999 年，为进一步深化教育交流合作，双方签署了《中华人民共和国政府与沙特阿拉伯王国政府教育合作协定》，标志着中沙教育合作与交流迈上新台阶。双方同意加强两国在高等教育领域的合作，主要内容包括：鼓励两国高等院校的负责人、专家学者互访；鼓励两国研究人员参加在对方国家举办的国际科技学术会议；鼓励两国高等院校交换学术资料；鼓励在

---

[1] 中华人民共和国驻沙特阿拉伯王国大使馆. 中国的阿拉伯语教学 [EB/OL]. [2022-02-17]. http://www.chinaembassy.org.sa/chn/zsgx/jyjl/t153294.htm.

沙特高校开展中文教学和在中国高校开展阿拉伯语教学；鼓励两国高等院校共同进行学术研究；鼓励加强两国在高等院校科技成果转化方面的合作；互换奖学金并鼓励各自国家的学生到对方国家留学。双方同意加强技术教育和职业培训领域的合作，主要内容包括：鼓励技术教育专家或代表团互访；鼓励进行技术教育和职业培训领域的经验和信息交流；两国间相互开设短期技术培训课程；在开展技术教育和职业培训方面共同进行研究和探讨。[1]

二、21 世纪初至今

21 世纪后中沙两国友好关系进入全面快速发展时期，双方交往频繁，合作领域不断拓宽。在这一背景下，两国在教育领域的合作与交流也有了丰硕的成果，具体体现为教育互访频繁、校际交流活跃、留学生规模扩大、图书互赠和互译成果丰富。

（一）两国教育互访频繁

2009 年，沙特高等教育大臣受邀访问中国，中方 10 所大学与沙方 7 所大学共签署了 13 个教育合作协议，这是中沙教育合作的一次突破，标志着中沙教育合作实现了跨越式发展。[2]

2017 年，沙特国王对中国进行了国事访问。两国签署了《中华人民共和国和沙特阿拉伯王国联合声明》，一致同意"支持并鼓励两国官方和民

---

[1] 中华人民共和国外交部. 中华人民共和国政府与沙特阿拉伯王国政府教育合作协定 [EB/OL]. [2022-02-17]. https://www.fmprc.gov.cn/web/ziliao_674904/tytj_674911/tyfg_674913/200206/t20020604_9866862.shtml.

[2] 中华人民共和国中央人民政府. 教育部部长周济会见沙特高等教育大臣安卡利一行 [EB/OL]. [2022-02-17]. http://www.gov.cn/gzdt/2009-06/10/content_1336265.htm.

间文化交往，鼓励双方在教育、卫生、科技、旅游、新闻领域的交流与合作。"[1] 沙特国王还专程到访北京大学，出席阿卜杜勒·阿齐兹国王公共图书馆北京大学分馆落成典礼，同时接受北京大学名誉博士学位称号。

（二）两国校际交流活跃

中沙两国的大学与科研机构是双边教育合作的重要力量，在语言教育、联合办学、科研合作等方面取得了诸多成果。在自然科学领域，阿卜杜拉国王科技大学与香港科技大学结盟发展国际科研网络。双方签署合作备忘协议，推动海洋生态及纳米技术领域的科研合作，同时，双方还开展了设施共建、人才互访、会议筹办等其他形式的合作。[2] 2015 年，沙特国家研究中心阿卜杜勒·阿齐兹国王科技城与中国石油大学（华东）共同启动催化裂化硫转移机制、沙特原油直接脱硫技术两个方向的合作项目。[3] 近几年来，法赫德国王石油矿产大学与华中科技大学、北京航空航天大学、南京航空航天大学等高校建立了科研合作关系，涉及能源、通信、电子科学领域。阿卜杜勒·阿齐兹国王大学与北京大学、中国人民大学、中国地质大学建立了研究合作关系，涉及中医、地球科学、自然灾害预警、经济领域。[4]

在人文社科领域，中沙两国高校和智库通过开展学术论坛的形式积极为两国双边关系发展、语言教学合作建言献策。北京语言大学阿拉伯研究

[1] 新华社. 中华人民共和国和沙特阿拉伯王国联合声明（全文）[2022-02-17]. http://www.xinhuanet.com/politics/2017-03/18/c_1120651415.htm?isappinstalled=0.

[2] 香港科技大学. 沙特阿拉伯阿卜杜拉国王科技大学与香港科技大学结盟发展国际科研网络 [EB/OL]. [2023-03-22]. https://hkust.edu.hk/zh-hans/king-abdullah-university-science-and-technology-partners-hong-kong-university-science-and.

[3] 环球网. 中国石油大学与沙阿国王科技城签署石油技术合作协议 [EB/OL]. [2023-03-22]. https://news.upc.edu.cn/info/1445/50176.htm.

[4] 环球留学. 法赫德国王石油矿产大学 [EB/OL]. [2023-03-22]. http://www.qhiee.com/index.php/content/1021.

中心和沙特阿卜杜拉·本·阿卜杜勒·阿齐兹国王阿拉伯语国际服务中心联合举办了"中国沙特阿拉伯语教育论坛",探讨中国阿拉伯语教育的新模式;西北大学中东研究所和沙特国王大学联合主办、西安外国语大学阿拉伯语系协办了"中国–沙特阿拉伯王国学者论坛",为中国和沙特高校学者提供了交流平台;上海外国语大学与沙特费萨尔国王伊斯兰研究中心签署了合作协议,双方在学术交流、联合培养博士方面建立了合作关系。对外经贸大学与卡西姆大学签署了校际合作协议,在阿拉伯语教学与研究领域展开多层次、多形式的合作,卡西姆大学通过师生互访、联合研究等方式支持对外经贸大学阿拉伯语专业的发展。[1]

2019 年,沙特政府宣布将中文纳入沙特所有教育阶段的课程之中,用实际行动深化中沙教育交流。沙特科研与知识交流中心召开"沙特的中文教学与'2030 年愿景'"专题研讨会,就沙特推进中文教学的相关议题进行研讨。

2020 年,山东师范大学、沙特阿拉伯国王大学、吉达大学合作建设吉达大学孔子学院。这是沙特开办的首家孔子学院,加强了中沙教育交流。[2]

2020 年,北大召开年度中东形势回顾与展望暨纪念中沙建交 30 周年研讨会,多位大使和专家出席会议,回溯中沙关系,展望合作前景,为中沙文化交流提供了宝贵的建议。[3]

2021 年,沙特科研与知识交流中心与中国驻沙特大使馆共同举办"中沙经典和现当代作品互译出版项目"第二期成果发布会,发布会以线上线下相结合的方式举行。发布会共发布 8 本新书,其中 6 本由北京外国语大学

---

[1] 王婷钰. "一带一路"视域下的中沙高等教育交流与合作:进展、问题及建议 [J]. 世界教育信息,2019,32(20):26-32.

[2] 山东省教育厅. 我省新获批一所孔子学院 [EB/OL]. [2022-05-03]. http://edu.shandong.gov.cn/art/2020/4/15/art_11969_9009723.html.

[3] 北京大学. 2020 年度中东形势回顾与展望暨纪念中沙建交 30 周年研讨会在北京大学召开 [EB/OL]. [2022-04-30]. https://qcmes.pku.edu.cn/rdxw/1335839.htm.

阿拉伯学院策划选题并翻译，分别为《现实与虚幻之间——沙特民间故事集》《汗水与泥土》《夜行衣上的破洞》《牺牲的价值》《沙特阿拉伯王国货币发展史》《沙中关系未来发展的 10 种情景》。[1]

同年，在阿卜杜勒·阿齐兹国王公共图书馆北京大学分馆的组织下，北京大学阿拉伯语系师生与沙特青年开展了"文明交流"在线活动，两国青年积极讨论，交流思想，加强了解。[2]

2021 年，中央民族大学与沙特阿卜杜勒·阿齐兹国王大学达成合作协议，双方将在联合培养本土中文教师、共同编写中文教材、学术研究等方面开展合作。值得一提的是，阿卜杜勒·阿齐兹国王大学中国文化交流中心是沙特第一家汉语水平考试考点，中央民族大学国际教育学院将在该校建立第二个海外中文教学实习基地。[3]

同年，南京理工大学举办首届"中沙文化与教育交流"国际学术会议，汇聚了在中沙人文交流合作领域有着丰富经验和深入研究的专家学者，他们在中沙文化与教育合作方面达成多项共识，提供了宝贵的经验和切实的建议，为中沙两国，国相交、民相亲、心相通做出自己的贡献。[4]

2022 年，由中外语言交流合作中心主办、中央民族大学负责承办的沙特大学生"汉语桥——当代丝路多彩中国"主题在线冬令营开营。这是迄今规模最大的专门面向沙特青年学生的在线交流活动，1 133 名沙特大学生在 28 天内"云"参加"语言 + 文化"教学活动。[5]

---

[1] 北京外国语大学. 北外阿拉伯学院多部译著亮相"中沙经典和现当代作品互译出版项目"成果发布会 [EB/OL]. [2022-04-30]. https://news.bfsu.edu.cn/article/284675/cate/0.

[2] 北京大学外国语学院. 北京大学阿拉伯语系师生与沙特青年在线交流 [ED/OL]. [2022-04-30]. https://sfl.pku.edu.cn/xyxw/129286.htm.

[3] 中央民族大学国际教育学院. 中央民族大学国际教育学院与沙特阿卜杜勒·阿齐兹国王大学中国文化交流中心签署合作协议 [EB/OL]. [2022-05-03]. https://cie.muc.edu.cn/info/1084/2897.htm.

[4] 南京理工大学. 首届"中沙文化与教育交流"国际学术会议在我校举行 [EB/OL]. [2022-05-03]. https://zs.njust.edu.cn/51/5d/c4621a282973/page.htm.

[5] 中央民族大学国际教育学院. 中央民族大学"汉语桥"中沙青年线上交流营开营 [EB/OL]. [2023-05-26]. https://cie.muc.edu.cn/info/1084/4269.htm.

（三）两国留学生规模扩大

2000 年之后，在沙特留学的中国学生数量稳步增加，2003 年，在沙特的中国留学生有 254 人，比 1995 年翻了一番。2016 年，有 875 名中国学生在沙特学习，约为 1995 年的 7 倍。[1] 同时，沙特来华留学生人数也逐渐增多。根据中国教育部国际合作与交流司的数据，2000 年，沙特来华留学生仅 21 人。2005 年，沙特政府启动奖学金计划，第一次将中国列为政府公费派遣目的国之一，沙特来华留学人数快速增长。2007 年，沙特来华留学生人数为 289 人，沙特成为来华留学生人数第二多的阿拉伯国家。2010 年，沙特来华留学生人数首次破千，共计 1 179 人，沙特成为阿拉伯世界来华留学生人数最多的国家。2013 年，沙特来华留学生人数创历史新高，达 2 089 人。2013 年之后人数有所下降，基本维持在每年 1 000 人左右。[2] 2013 年之后沙特来华留学生人数出现回落的主要原因是，受油价下跌和战争的影响，沙特经济受到重创，政府不得不削减教育支出，采取提高申请资格、缩减资助金额等措施收紧公派留学。

（四）两国图书互赠互译成果丰硕

图书和音像资料承载着一个国家的历史和文化，是对外交流的重要窗口之一。图书互赠互译能促进中沙双方教育文化交流，服务于中国的阿拉伯语教育和沙特的中文教育。2010 年，沙特驻华大使馆文化处向西安外国语大学东方语言文化学院赠送近 200 本装帧精美的阿拉伯文原版书籍，图书

---

[1] 资料来源于联合国教科文组织官网。

[2] 来华留学生数据根据中国教育部国际合作与交流司编写的历年《来华留学生简明统计》（人民教育出版社）整理。

内容涉及阿拉伯语言、文化、历史等方面，用以支持学校专业建设。[1]

2013 年，沙特作为第一个来自阿拉伯世界的主宾国参加了第二十届北京国际图书博览会。2014 年，在第二十一届北京国际图书博览会上，沙特高等教育部国际合作司司长、沙特驻华大使均出席了仪式，并向北京大学、北京外国语大学、北京语言大学、对外经济贸易大学、天津外国语大学、南京理工大学、上海外国语大学、北京第二外国语学院、山东大学、华东师范大学等国内十所高校分别赠送 50 种 / 套的教育类、历史文化类图书。[2] 2017 年，阿卜杜勒·阿齐兹国王公共图书馆北京大学分馆落成，该馆共有藏书 23 474 册，其中大量图书为沙方捐赠，这为中国阿拉伯语学习者提供了丰富的资料。[3]

中沙教育文化交流还体现在优秀图书作品互译方面。2011 年，北京大学阿拉伯语系教授仲跻昆荣获第四届阿卜杜拉国王世界翻译奖。2014 年，上海外国语大学阿拉伯语系教授朱威烈荣获第七届阿卜杜拉国王世界翻译奖。中国两位教授获此殊荣，充分体现了中沙文化教育交流的成果。2013 年，沙特驻华使馆文化处与中国的出版社签署合作谅解备忘录，为未来的图书出版合作奠定了良好的基础。[4]2019 年，第二十六届北京国际图书博览会期间，北京师范大学出版集团联合中国人民对外友好协会、中国阿拉伯友好协会、北京外国语大学举办了"中沙经典和现当代作品互译出版项目""中阿友好文库"成果发布仪式暨"东方文明的对话"系列活动。[5]

---

[1] 西安外国语大学. 沙特驻华大使馆向东语学院赠送一批阿拉伯文原版图书 [EB/OL]. [2022-02-28]. https://www.xisu.edu.cn/info/1080/7084.htm.

[2] 人民网. 第二十一届北京国际图书博览会开幕沙特阿拉伯王国向我高校赠书 [EB/OL]. [2022.02.28]. http://world.people.com.cn/n/2014/0827/c1002-25552415.html.

[3] 阿卜杜勒·阿齐兹国王公共图书馆北京大学分馆. 馆藏现状 [EB/OL]. [2022-02-28]. http://kapl.pku.edu.cn/.

[4] 高等教育出版社. 沙特阿拉伯王国驻华大使馆文化处与我社签署合作谅解备忘录 [EB/OL]. [2022-02-28]. http://www.hep.com.cn/news/details?uuid=c89023c5-1432-1000-91f0-2be8b052dfd5&objectId=oid:c8909664-1432-1000-91f2-2be8b052dfd5.

[5] 人民网. "中沙经典和现当代作品互译出版项目""中阿友好文库""成果发布仪式暨""东方文明的对话"系列活动在京举办 [EB/OL]. [2022-05-06]. http://world.people.com.cn/n1/2019/0821/c1002-31309366.html.

除此之外，双边各类教育交流还包括：北京语言大学代表团访问沙特教育部，为推动沙特"2030 年愿景"与中国"一带一路"倡议对接贡献力量；浙江大学国际联合学院（海宁国际校区）创建"浙江–沙特能源材料联合实验室"，推动中沙双方在能源领域开展交流合作等。由此可见，随着"一带一路"倡议和沙特"2030 年愿景"的对接，中沙两国高校之间的各级各类合作交流越来越密切，成为一道亮丽的人文风景线。

第二节 交流模式与原则

一、交流模式

目前，中沙教育交流呈现出"战略对接为基石，科技和语言交流为主导，院校科研机构为载体，其他领域为补充"的多元交流模式，两国官方民间互通往来，相互支持。

（一）战略对接为基石

中沙两国战略对接的不断深化、政府之间的频繁互动，为教育交流创造了良好的环境，奠定了教育交流的基石。

2019 年沙特王储指出，要努力实现沙特"2030 年愿景"与中国"一带一路"倡议的对接，继续发展并深化两国关系。[1] 教育交流在两国战略对接中占据重要位置，是两国友好交流中的关键一环。2016 年，两国签署《中

---

[1] 资料来源于《中东报》官网。

华人民共和国和沙特阿拉伯王国关于建立全面战略伙伴关系的联合声明》，文件指出："双方鼓励两国官方和民间文化交往，支持在新闻、卫生、教育、科研、旅游等领域的交流与合作，将继续相互举办文化周活动，积极参与对方举办的各类文化活动，加强两国青年、体育和职业技术领域合作，增进友好的两国和两国人民间的沟通和友谊。"[1] 2022 年，中国国家主席习近平同沙特王储穆罕默德通电话，强调中方支持沙方维护国家主权、安全、稳定，支持沙方自主探索符合自身国情的发展道路，将继续推动共建"一带一路"倡议同沙特"2030 年愿景"对接，打造两国能源、经贸、高技术等领域高水平合作格局。[2]

中沙两国把符合双方共同利益的长远规划作为政治、经济和文化交流的重点，不断深化战略融合，为两国社会发展创造了有利的条件。两国的教育交流也基于此，把国家层面的战略对接作为基础，官方与民间共同发力，不断谱写两国教育史的崭新篇章。

（二）科技和语言交流为主导

从目前两国交流现状来看，科技交流和语言交流是两国教育交流的主线。近年来，沙特大力发展高新技术，促进经济的多元化。中国作为世界上第二大能源消费国，需要稳定的石油资源来满足日益增长的经济需要。沙特科研能力相对薄弱，而中国近年来在高新技术方面崭露头角，因此，双方在能源高新技术合作方面具有较强的互补性，能源科研领域交流成为两国教育交流的重点领域。

阿拉伯语和中文同为世界上较难的语言，语言交流难度大，能够同时

---

[1] 中华人民共和国中央人民政府. 中华人民共和国和沙特阿拉伯王国关于建立全面战略伙伴关系的联合声明（全文）[EB/OL]. [2023-05-24] http://www.gov.cn/xinwen/2016-01/20/content_5034541.htm.

[2] 央广网. 习近平同沙特王储通电话 [EB/OL]. [2022-05-29]. http://china.cnr.cn/news/20220416/t20220416_525797149.shtml.

掌握这两门语言的人数少，沙特的英语普及率低，中沙两国沟通存在障碍，因此语言教育的交流十分必要。2019 年，沙特外交部在一份声明中宣布，为加强沙特同中国的友谊与合作、深化各个层面的战略伙伴关系，同意将中文纳入沙特各学校及大学教育的相关课程。[1] 中国方面，随着"一带一路"倡议的推进，中方也不断加大对阿拉伯语教育的投入。目前，已经有 60 余所中国高校开设了阿拉伯语专业。

（三）院校科研机构为载体

中沙教育交流主要以两国高等教育院校和科研机构为载体。

在高等院校方面，两国主要以综合大学、科技类大学和语言类大学为交流平台。语言交流主要以综合类大学和语言类院校为平台，以学生、学者、教授等为主体，相互访问、考察、学习与合作是常见的形式。目前，在语言教育方面与沙方交流密切的国内院校有北京外国语大学、北京大学、上海外国语大学、北京第二外国语学院、北京语言大学、中央民族大学等，与中方交流密切的沙方院校有吉达大学、沙特国王大学、努拉·宾特·阿卜杜拉赫曼公主大学等。科技交流主要以综合类大学和理工院校为平台，以学生、研究员为主体，合作研发技术、开展科研项目等为常见的交流形式。目前在科学技术方面与沙方交流密切的中方大学有浙江大学、西南交通大学、香港科技大学等，与中方交流密切的沙方大学有阿卜杜拉国王科技大学等。

在科研机构方面，两国科研机构主要围绕能源、信息技术等领域开展合作。中方主要的科研机构有中国科学院、中国石油集团工程技术研究院、

---

[1] 黄培昭，刘天乐. 沙特宣布：所有学校都将开设汉语课 [EB/OL] [2023-03-22]. https://world.huanqiu.com/article/9CaKrnKippf.

中国建筑材料科学研究总院以及清华大学等院校下属的研究所。[1] 沙方主要的科研机构有科研与知识交流中心、阿卜杜拉国王科技大学下属的研究院，以及沙特阿美下属的科研机构等。

（四）其他领域为补充

除了语言和科技领域的教育交流外，两国的教育交流还涉及文化、艺术等方面。两国官方和民间均举办过相关的文化节、艺术展、博览会，得到了双方民众的青睐。

二、交流原则

（一）响应倡议，服务大局

中沙教育交流集中在科技和语言领域，不管从内容上还是形式上来看，都主要是服务于两国的长远规划，即中方的"一带一路"倡议和沙方的"2030 年愿景"。两国的教育交流随着国家规划的落实而不断深入，其主要的推动力是两国高层次规划的融合。双方在开展经贸往来和人文交流的过程中，需要语言作为支撑，因此开展中文和阿拉伯语教育成为两国落实本国国家规划的基础性措施。同时，两国均重视发展高新技术，双方在能源领域已经有了较多合作，科技交流成为两国国家规划对接的重要一环。

---

[1] 人民网. 期待与中国合作伙伴共创美好未来（见证·中国机遇）[EB/OL]. [2022-05-29]. http://world.people.com.cn/n1/2022/0414/c1002-32398510.html.

（二）优势互补，互利共赢

优势互补、互利共赢是中沙教育交流的强大动力。在语言领域，沙特的中文教育起步晚。沙特将中文课程纳入国民教育体系以后，大力引进中文教师，促进中文教育的发展。同时，中国也引进沙特的教材、聘请专家指导阿拉伯语教育。在科技领域，沙特的高等教育起步晚，缺乏相关专业人才。中国高科技技术发展迅猛，实力较为雄厚。随着双方国家规划不断对接，中沙合作建立研究机构，共同开发项目。沙特与中国的互补优势，不仅促进"一带一路"倡议的实施，而且加快沙特"2030年愿景"的推进，实现了互利共赢。

（三）坦诚相见，民心相亲

坦诚相见、民心相亲是中沙教育交流的不竭源泉。中沙教育交流源远流长，最早是民众因信仰而自发进行宗教教育交流。两国建交后，官方层面的教育交流意愿逐步提升。近几年来，两国的教育交流更加频繁，交流的层次和规模也大幅提升。从教育交流的发展历程可见，两国人民的友谊是两国教育交流发展的重要因素，坦诚相见和民心相亲已经成为两国教育交流的重要原则。

第三节　案例与思考

一、案例

沙特将中文课程纳入国民教育体系是两国教育交流的一个案例。2019年

2月，沙特宣布将中文教育纳入沙特中小学和大学的课程中。随后，中国表示将对沙特的中文教育项目提供部分资助。沙特的这一计划将在本国创造50 000个中文教师的工作岗位。沙特的目标是每年接待2 000万中国游客，无论是从商贸还是旅游行业的角度出发，学习中文都能够使沙特从规模庞大的中国经济中受益。沙特媒体认为，此举目的是加强与中国的友谊和合作关系，深化各层次战略伙伴关系。将中文纳入教育体系，可以丰富沙特学生的文化多样性，有助于在教育领域层面实现"2030年愿景"。同时，将中文纳入教育体系是为不同教育水平的学生拓宽学习视野的重要一步。学习中文有助于搭建两国人民之间的桥梁，增强商业和文化的联系。[1]

2019年3月，在中文教学研讨会上，沙特的相关人士呼吁开展为期一年的强化课程，以选拔更多的教师教授中文。2020年1月，沙特教育部宣布开始正式和实验性地教授中文。沙特教育部在社交媒体上写道："第二学期伊始，教育部将在8所男子初中（利雅得4所，吉达2所，东部区2所）开设中文课程。在这些学校开设中文选修课是教育部计划的第一阶段，未来，沙特将在更大范围内发展中文教育，女学生也将有机会学习中文。"[2]

自2019年以来，沙特多所大学开始教授中文，其预科项目中增加了中文课程或中文通识教育课程，吉达大学、阿卜杜勒·阿齐兹国王大学、沙特国王大学等在语言和翻译学院内增加中文专业。[3]

全世界最大的女子高等学府——位于沙特首都利雅得的努拉·宾特·阿卜杜拉赫曼公主大学自2019年起开设中文系和商务中文专业，目前共有约150名学生。[4]2022年3月，中国驻沙特大使访问努拉·宾特·阿卜杜拉赫曼公主大学，祝贺该校在落实赋能女性、实现"2030年愿景"方面

---

[1] 资料来源于《中东报》官网。

[2] 资料来源于俄罗斯卫星通讯社官网。

[3] 资料来源于俄罗斯卫星通讯社官网。

[4] 资料来源于泰晤士高等教育官网。

取得的重要成就，对该校在推动中文教育、促进两国教育和妇女交流方面所做的积极努力表示赞赏。沙特有关方面负责人表示，在沙开展中文教育是穆罕默德王储的重要指示，未来愿同中方高校进一步扩大交流合作。[1]

2021 年，吉达大学将中文作为必修科目纳入其学士学位课程。吉达大学校长称，任何想加入吉达大学的人都必须学习中文技能课程。中文已经成为该校预科学生的必修课。7 000 多名学生通过录播课程或教员直接授课来学习中文基础知识。该校还有许多主修中文学士学位的学生，学校同时为他们提供工商管理、人力资源、贸易等方向的课程。[2]

沙特 2022 年财政总预算声明显示，教育部门计划将中文教育纳入沙特 746 所中学的教学中。沙特在各阶段的学校中均开设中文课程是出于以下考虑。在文化收益方面，将中文课程纳入各学段的学校将增强沙特学生的文化多样性，并有助于在教育领域实现"2030 年愿景"。将中文纳入学校课程是为不同教育水平的学生拓宽学习视野的重要一步。对于沙特而言，中文是搭建两国人民之间的桥梁，学习中文有助于加强双方的文化交流。在教育发展方面，将中文纳入教育课程的决定反映了沙特领导层在发展教育、提升课程质量和培养学生方面高度的人文关怀，这是社会发展的最重要支柱之一。学习中文不是一种奢侈品，而是朝着沙特所渴望的未来——成为科学和先进技术产业领域的国家迈出的战略一步。中国是世界第二大经济体，在沙特的中小学和大学教授中文能够更有效地培养通晓中文的沙特人才，这对于沙特的经济转型和国家发展无疑是一笔重要投资。沙特加强中文教育，有助于延续两国人民友好关系，[3] 进一步推动两国关系向好、向深全面发展。中文教学除了能带来近期的文化收益和远期的经济利益外，还

---

[1] 中华人民共和国驻沙特阿拉伯王国大使馆. 努拉公主大学：中文教育在全球最大女子大学落地生根 [EB/OL]. [2022-05-30]. http://sa.china-embassy.gov.cn/zsgx/jyjl/202204/t20220401_10663101.htm.

[2] 资料来源于 Misc 中东综合信息官网。

[3] 资料来源于中东新闻（Aalmowaten）官网。

能加强阿拉伯民族和中华民族之间的文化开放性和包容性，助推两国的语言和文化交流。

二、思考

虽然中沙教育交流和合作取得了丰硕的成果，但还存在一些问题以及改进的空间。

（一）现存问题

中沙两国教育领域的互知互信有待加强。一方面，中沙两国教育合作与交流的历史较短。1990 年建交后，两国早期合作与交流主要在经贸领域。两国广泛的教育合作与交流开始于 20 世纪末，至今只有二十多年的历史，对彼此教育状况不够了解。另一方面，囿于语言等方面的障碍，教育合作与交流没有得到足够的重视。沙特一直将美国等西方国家的教育模式作为自己学习借鉴的对象，将教育交流的重点对象放在阿拉伯世界和伊斯兰国家。中国既不是沙特引进教育经验的国家，也不是沙特教育交流重点对象国。同样地，中国主要把教育学习与借鉴的目光放在发达国家，中东教育研究相对边缘和冷门，中国对沙特的教育制度、政策不够了解，不能很好地从宏观上把握教育合作与交流的重点和方向，这会导致微观层面的实践缺乏指导细则，一定程度上影响了两国教育合作与交流的进程。概言之，教育合作历史较短、双方教育研究不足、两国均侧重向西方发达国家取经，这使得中沙两国的教育互知互信还有待加强。

两国教育合作与交流面临语言障碍。中文和阿拉伯语同为世界上较难的语言，选择学习的学生人数相对较少，而能够真正精通彼此语言、将其作为工作语言的人数就更加稀少。从沙特的中文教学来看，与埃及、阿联酋等阿拉伯国家相比，沙特中文教育起步较晚、发展相对滞后。截至2019年，沙特只有沙特国王大学开设了中文本科专业。2019年12月，沙特第一所孔子学院——吉达大学孔子学院方才落成。沙特政府奖学金项目虽然将中国列为公费派遣目的国，但语言学习并非沙特政府的重点支持领域。从中国的阿拉伯语教学来看，虽然改革开放以来，中国开设阿拉伯语专业的高校越来越多，招生规模也逐年扩大，但是作为非通用语种中的"小语种"，学习人数还是十分有限。加之阿拉伯语本身的难度较大，中国高校每年能够培养的高质量阿拉伯语人才非常有限。因此，如何培养更多合格的语言人才仍是两国教育合作与交流需要解决的问题。

两国高等教育合作与交流的层次较浅。从学生层次来看，沙特来华留学生学历层次多集中在非学历教育或学历教育中的本科阶段，研究生阶段人数较少。2016年，沙特来华留学生共计1 293人，其中非学历教育生355人，占比27.5%；学历生938人，其中本科生704人，占比54.4%；研究生234人，占比18.1%。[1]从留学专业来看，中国前往沙特的留学生以自费的穆斯林学子和公费派遣的语言学习者为主，这两个群体学习的专业主要为宗教知识和阿拉伯语，涉及专业较单一。从校际交流来看，中沙高校合作与交流尚不成体系。两国高校之间虽然建立了一些联系，但大多是高校的自发行为，缺乏国家宏观政策的推动，缺乏诸如高校联盟、高等教育峰会等长效机制的引导。

---

[1] 王婷钰. "一带一路"视域下的中沙高等教育交流与合作：进展、问题及建议 [J]. 世界教育信息，2019，32（20）：26-32.

（二）发展建议

1. 增强两国教育互知互信

要想与一个国家深入开展教育合作与交流，首先要了解这个国家的国情背景、教育制度与政策、发展趋势等。长期以来，中国外国教育研究的对象主要为欧美发达国家，学界倾向于探寻以现代化国家为构想的"理想社会的理想教育"，并对其进行复制和移植，[1] 从而促进中国教育改革与发展；中国学界对沙特等阿拉伯国家的研究不足，对他们的教育政策、制度、发展趋势、优势学科等情况知之甚少。在"一带一路"倡议深入推进的背景下，沙特教育研究的重要性不断提升。中国学界应当重视对沙特教育的专项研究，不断完善对沙特教育的基础性研究，加强对沙特教育的田野调研，增加对沙特教育政策的追踪和解读，以便更好地把握中沙教育合作与交流的发展方向，制定中沙教育合作与交流的政策。同时，教育信息应互通有无，双方应定期更新校际交流协议、科研合作项目等方面的具体数据，以实时了解彼此交流合作的动态，便利两国学者的研究和有关部门的政策制定工作。

加强两国在教育领域的互知互信有赖于稳固的交流合作机制。当前两国的教育合作与交流依赖的平台主要有两种，一种是中国同包括沙特在内的众多阿拉伯国家建立的教育交流机制，如中阿大学校长论坛。这种交流机制囊括了中国同阿拉伯世界所有国家的教育交流，缺少对沙特教育合作与交流的聚焦。第二种是中国同沙特建立的广泛的合作与交流机制，如中沙高级别联合委员会。这种交流机制囊括了中沙政治、经济、文化交流的方方面面，缺乏对教育领域的专注性。因此，未来可以搭建诸如中沙高校

---

[1] 冯增俊，陈时见，项贤明. 当代比较教育学 [M]. 2 版. 北京：人民教育出版社，2015：73.

联盟、中沙高等教育峰会等两国教育合作与交流的专项平台，以促进两国教育交流的深度化、规范化和长期化。

2．加强语言人才的培养工作

"一带一路"倡议的推进离不开语言人才的支撑。但目前来看，不论是沙特的中文人才还是中国的阿拉伯语人才缺口都十分明显。因此，加强语言人才的培养工作是未来中沙教育合作与交流的一个重要任务，主要途径有二，一方面要加强中国阿拉伯语专业的建设，另一方面要积极地在沙特推广中文。

在中国培养阿拉伯语人才方面，可增加阿拉伯语专业点、扩大人才培养规模，建立长效机制，保证阿拉伯语人才培养的长期性和稳定性。为更好地服务人才培养工作，应当加强阿拉伯语教师队伍建设，创新阿拉伯语人才培养模式，在语言学习中加入国际理解教育的内容，培养一批精通语言又了解沙特民族宗教文化的综合型外语人才。在基础教育阶段，将阿拉伯语纳入国民教育的课程体系，设置选修课，条件成熟的地区可以设置必修课；在高等教育阶段，增加开设阿拉伯语为第二外语的高校数量，将语言与自然科学、社会科学、工程技术专业相结合，培养既掌握语言又精通技能的复合型人才。

在沙特的中文人才培养方面，应当抓住沙特当前"汉语热"的历史机遇，加快推进沙特孔子学院和孔子课堂的建设工作，着手中文系、中文专业、中文培训与文化交流中心的开设工作，促进中文和中国文化在沙特的推广工作。

此外，两国还可设立政府间语言学习交换项目，联合培养高层次语言人才，支持本国语言学习者到对方国家攻读学位，鼓励中沙教师交流互访，并在教材编写、教学研讨等领域开展交流合作。

3．推进两国的学历、学位互认工作

中沙学历、学位互认是两国进一步扩大高等教育合作与交流的必要步骤。目前，中国尚未与沙特在学历学位互认领域签署任何协议。沙特的人才培养体系与中国有较大差异，双方需要制定合适的制度，推动学历学位互认工作。

4．拓展两国科研合作

沙特是中国同阿拉伯国家在核能、航天卫星、新能源三大高新领域开展科研合作极具潜力的伙伴。沙特政府正致力于降低国家经济对石油的依赖，促进产业多元化发展，在这一过程中需要高新科技发挥引领作用。第一，沙特政府正促进能源结构多样化，挖掘可再生能源的发展潜力，中国同沙特在发展核能等新能源方面具备战略契合点。沙特计划到 2030 年增加可再生能源发电 9.5 吉瓦，预计在 2032 年前，在新能源领域投资 300—500 亿美元，在 2023 年前，实现可再生能源发电量占全国总发电量 10% 的目标。[1] 中国的《国家中长期科学和技术发展规划纲要（2006—2020 年）》将"能源"列为科学技术发展的重点领域，提出"在提高油气开发利用及水电技术水平的同时，大力发展核能技术，形成核电系统技术自主开发能力。风能、太阳能、生物质能等可再生能源技术取得突破并实现规模化应用。"[2] 因此，新能源可以成为未来两国科研合作的领域之一。第二，航空航天领域也是中沙科研合作极具潜力的领域。近年来，沙特积极发展航天事业，希望在空间技术上有所突破；而中国正在大力推进"一带一路"空间信息

---

[1] 人民网．"2030 愿景"背景下沙特能源战略转型 [EB/OL]. [2023-03-22]. http://sa.mofcom.gov.cn/article/ztdy/201808/20180802778235.shtml.

[2] 中华人民共和国国务院. 国家中长期科学和技术发展规划纲要（2006—2020 年）[EB/OL]. [2023-03-22]. http://www.gov.cn/gongbao/content/2006/content_240244.htm.

走廊工程建设。中国可利用在通信、定位、遥感等技术领域的优势，为沙特提供空间信息技术支持。中国同沙特的航空航天合作已取得了一定成就，2018 年，中国嫦娥四号"鹊桥"中继星成功发射，随之一同升空的"龙江二号"微卫星搭载了沙特光学相机，开启了中沙两国在月球和深空探测领域合作的先河。

结　语

　　教育是一项国际化事业，一国教育事业的发展离不开对其他国家教育的考察与研究。通过对其他国家教育情况进行考察和研究，探寻其中对本国教育改革发展有益的经验，这便是比较教育存在的现实基础。古典时代，就有欧洲国家之间互相记录教育实践的文献，色诺芬、西塞罗等古典哲学家被视为描述与记录外国教育的先驱。中国也不例外，晚清以来，西学东渐引入的教育思想观念促进了中国近代教育的形成；[1] 晚清到民国时期，又有黄炎培等爱国教育家赴东南亚、美国等地考察，力图从中国教育实际出发，探求改革办法。然而，比较教育获得学科合法地位的时间却远远晚于上述实践探索的时间。20 世纪，以因素分析为代表的方法论取得进展，方才标志着比较教育学科体系成形。

　　因素分析强调，研究一个国家的教育，更应该关注学校之外的事情，因为一个国家的教育制度是由校外因素所决定的。因素分析的代表人物迈克尔·萨德勒将这一方法概括为"寻求支撑一个国家教育制度的'无形的、难以捉摸的精神力量'"。[2] 萨德勒的继承者艾萨克·康德尔进一步提出，"比较教育研究要涉及决定教育制度性质的各种力量，因为教育的动力和战略是首要的，它们决定教育体制和行政管理策略。"[3] 概括起来，因素分析重

---

　　[1] 俞启定. 晚清中国近代教育形成动因和线索 [J]. 教育研究，2021，42（6）：62-69.

　　[2] BEREDAY G. Sir Michael Sadler's "study of foreign systems of education" [J]. Comparative education review, 1964, 3(7): 307-314.

　　[3] 康德尔. 教育的新时代——比较研究 [M]. 王承绪，等译. 北京：人民教育出版社，2003：41.

视支配教育制度的精神力量与文化传统，主张把教育同社会、经济、政治和知识等各种复杂因素联系起来，如此才可能获得有成效的研究成果。[1] 尼古拉斯·汉斯引入历史法的思路，进一步发展因素分析方法论，提出一个清晰、具体的因素分析结构，弥补了萨德勒和康德尔对"因素"界定较模糊的不足。[2] 虽然今天比较教育研究的方法论取向倡导文化研究，[3] 强调解释、沟通，促进国家与国家之间的教育文化交流和互相理解，不再局限于因素分析以学习模仿为主的借鉴取向，但无疑，因素分析仍然是文化研究的重要基础。

汉斯将影响一个国家教育制度和传统的因素概括为三类：自然因素、宗教因素、世俗因素。[4] 再次翻开厚重的历史书卷，汉斯提出的三类因素的构成内容具有明显的欧洲中心色彩，也有一定的时代局限性，但从"自然""宗教""世俗"三个方面认识沙特的文化教育，仍然具有适切性和解释力。沙特围绕三方面因素开展的教育改革具有一定的启发意义。

首先，在自然因素方面，地形地貌、气候状况、自然资源等地理条件是人类生产生活最基本的影响因素，沙漠、石油、环海是沙特最为显著的地理特征。在不同的历史时期和生产条件下，这三个自然因素共同塑造了沙特的基本面貌。石油是其中最重要的变量，在石油资源充分开发之前，沙特的发展更多被炎热少雨的沙漠环境所限制，人口聚居和重点发展区域集中分布在西部红海沿岸平原。麦地那和麦加，重要港口城市吉达、夏都塔伊夫均位于西部平原。由于地理条件的限制，游牧是沙特人民的主要生活方式，直到 1933 年，沙特仍有 58% 的人口为游牧民。[5] 1938 年，波斯湾

[1] 朱勃，周德昌. 论比较教育科学的历史渊源及其发展阶段 [J]. 教育论丛，1983（2）：38-53.

[2] 王承绪. 比较教育学史 [M]. 北京：人民教育出版社，1999：91.

[3] 顾明远. 教育的文化研究 [J]. 中国教育科学，2013（2）：3-15+2+188.

[4] HANS N. Comparative education: a study of educational factors and traditions [M]. 3rd ed. Oxon: Routledge & Kegan Paul Limited, 1958: 1-16.

[5] 黄民兴. 中东历史与现状二十讲 [M]. 北京：中国书籍出版社，2019：280-281.

沿岸城市达曼开采出了石油资源，沙特进入了新的发展阶段，国家经济结构和国民生产生活方式发生改变。

只有理解了上述地理条件的背景，才能理解沙特现代教育体系是如何发展的。1925 年，沙特家族在希贾兹地区（西部红海沿岸，又称汉志地区）重建政权，以埃及为学习对象，开办了一批学校。1932 年，沙特家族建立沙特阿拉伯王国，着手建立现代国民教育体系，但囿于客观条件，在 20 世纪 50 年代之前，沙特现代教育的发展步伐都较为缓慢。1938 年，石油资源的开采情况悄然改变着沙特的教育事业，也重塑了影响沙特现代教育发展的外部力量。从 20 世纪 30 年代开始，与沙特石油经济的萌芽和发展相伴随的是美国对沙特社会发展的深度参与。1957 年，沙特建立了"6-3-3 学制"，并开办教授世俗学科的高等教育机构。不难看出，到 20 世纪中叶，美国已经逐渐取代埃及，成为沙特发展教育事业时的主要学习对象。

石油资源既是沙特现代教育体系飞速发展的重要支撑，也是 21 世纪以来沙特推动教育改革的重要动因。石油给沙特带来了高福利的社会生活体系和高度发达的石油工业体系，但也引发了本国优质劳动力不足、过度依赖移民劳动力、产业结构单一、经济可持续性不足等问题。教育成为应对上述挑战的有效手段，21 世纪以来的《十年计划纲要》、塔维尔项目、"2030年愿景"快速推动着沙特教育现代化的进程。2019 年，沙特政府实施卓越之路奖学金项目，重点支持社会公共事务、人文历史、服务管理等人文社科类学科，政府关注领域不再局限于石油工业类学科，这展示了沙特摆脱"石油依赖"的决心和努力。

其次，在宗教因素方面，对于不少人而言，沙特或许是一个带有神秘色彩的陌生国度，很大程度上，"陌生"是沙特的宗教传统留给外界的印象。而在了解沙特推动国家现代化而做出的努力后，人们又能感到意外的"熟悉"。沙特是一个以伊斯兰教为国教的国家，具有鲜明的政教合一的特征。宗教对于沙特的重要性不言而喻，伊斯兰教是沙特人社会行为的规范标准，还是塑造沙特传统文化和国民认同的核心力量。沙特作为伊斯兰教的发源地以及圣城麦加和麦地那的所在地，在伊斯兰世界享有独特地位。只有理解了沙特的宗教背景，才能更好地理解沙特推行教育现代化改革所面临的挑战与阻碍，以及在平衡世俗观念和传统教义中来之不易的改革成果。

2001 年以后，沙特加快了教育现代化改革的步伐。教育部聚焦学校课程体系改革和教科书修订工作，努力提升教育的包容性，培养学生的科学思维。2002 年，沙特将女子教育总局并入教育部，努力促进教育领域的性别平等。2003 年以来，沙特陆续颁行国家层面的教育发展计划，教育改革成为国家的优先事项。

关注沙特教育背后的宗教因素时，不能忽视沙特在伊斯兰教人才培养和学术研究方面做出的贡献。宗教是人类文明的重要组成部分，伊斯兰教是三大宗教之一，沙特拥有完备的伊斯兰教育体系，尤其是卓越的伊斯兰高等教育机构，这对于促进人类文明的互相理解、不同文化的对话交流具有重要意义。

最后，相较于自然因素和宗教因素，世俗因素的内涵和边界相对模糊，不易把握。汉斯在其著作中将世俗因素概括为社会主义、国家 / 民族主义、人文主义、民主主义等指导国家发展的政治观念。[1] 上述政治观念并不适用于分析沙特的文化教育。但在汉斯观点的启发下，本研究认为，可以从 "2030 年愿景" 的发展理念中把握影响沙特文化教育的部分因素。"2030 年愿景" 提出，要将沙特建设成为阿拉伯与伊斯兰世界的中心、全球性投资强国、亚非欧交通枢纽。沙特政府将充满活力的社会、繁荣发展的经济、充满抱负的国家作为实现 "2030 年愿景" 的三大主题，教育在其中发挥着重要作用。

---

[1] HANS N. Comparative education: a study of educational factors and traditions[M]. 3rd ed. Oxon: Routledge & Kegan Paul Limited, 1958: 174-253.

　　沙特政府在"2030 年愿景"中推动教育改革的要点可以概括为以下六点。第一，针对学前教育和基础教育，沙特强调家庭的重要性，倡导构建"学校–家庭–社会"积极协作的教育体系，通过完善家庭的卫生和社保体系，鼓励家长更多地参与到子女教育的过程中。第二，针对基础教育，沙特积极推动课程体系改革，提高了文学、数学、技能和品格等学科的标准和要求，力求提升沙特在国际教育评价体系中的排名和表现，并为后续教育阶段奠定更牢固的基础。第三，针对高等教育，沙特在兴建阿卜杜拉国王科技大学等创新型高等教育机构、强调高等教育国际化的同时，也把与社会治理息息相关的人文社科人才培养放到了重要位置。第四，针对职业教育和成人教育，沙特政府更加强调教育系统与劳动力市场的匹配度，高度重视年轻人的职业技能，加大对公共部门在职人员的职业培训力度。第五，针对教师教育，更新理念、改革教法、适当提升教师的职业门槛、加强在职培训、提高教师资源分配效率。第六，从教育系统整体改革的角度，加强过程监管和公开教育信息，引导私营力量参与教育事务，扩大女性、残疾人等弱势群体的受教育机会，提高公共资金的使用效率，完善电子服务系统，优化选拔机制。

　　中国和沙特都是具有悠久历史和广泛文化影响力的国家。20 世纪中叶以来，两国都积极推动国家发展和民族复兴的伟大探索。虽然双方的发展路径和文化传统不同，但两国友谊源远流长，双方都能从对方的发展路径中获得有益启发。当前，中沙双方携手共进，不断深化战略伙伴关系。中国"一带一路"倡议和沙特"2030 年愿景"实现了对接，沙特已经将中文纳入国民教育体系。在两国不断增强政治互信、加强文化交流的基础上，双方的教育发展和合作必将迈向新的台阶，取得更多务实双赢的成果。

参考文献

一、中文文献

阿卜杜勒·阿齐兹国王出版社地理信息整理中心. 沙特阿拉伯王国历史地理图集 [M]. 陈艳兰，陈瑾，译. 北京：中国对外翻译出版有限公司，2013.

爱敏. 阿拉伯–伊斯兰文化史：第 1 册 [M]. 北京：商务印书馆，2019.

安维华. 现代海湾国家政治体制研究 [M]. 北京：中国社会科学出版社，1994.

陈沫. 沙特阿拉伯 [M]. 北京：社会科学文献出版社，2011.

冯增俊，陈时见，项贤明. 当代比较教育学 [M]. 2 版. 北京：人民教育出版社，2015.

顾明远. 顾明远教育演讲录 [M]. 北京：人民教育出版社，2014.

国家信息中心"一带一路"大数据中心."一带一路"大数据报告（2017）[M]. 北京：商务印书馆，2017.

贺国庆，朱文富，等. 外国职业教育通史 [M]. 北京：人民教育出版社，2014.

黄民兴. 中东历史与现状二十讲 [M]. 北京：中国书籍出版社，2019.

黄雅婷. 塔吉克斯坦文化教育研究 [M]. 北京：外语教学与研究出版社，

2021.

久毛措. 尼泊尔文化教育研究 [M]. 北京：外语教学与研究出版社，2022.

康德尔. 教育的新时代——比较研究 [M]. 王承绪，等译. 北京：人民教育出版社，2003.

李丽. 沙特阿拉伯：中东丝路上的绿洲 [M]. 北京：北京联合出版公司，2016.

刘辰，孟炳君. 阿联酋文化教育研究 [M]. 北京：外语教学与研究出版社，2021.

刘迪南，黄莹. 蒙古国文化教育研究 [M]. 北京：外语教学与研究出版社，2021.

刘捷，罗琴. 越南文化教育研究 [M]. 北京：外语教学与研究出版社，2023.

刘捷. 教育的追问与求索 [M]. 北京：人民出版社，2021.

刘捷. 专业化：挑战 21 世纪的教师 [M]. 北京：教育科学出版社，2002.

刘进，张志强，孔繁盛. "一带一路"高等教育研究（2019）：国际化展望 [M]. 北京：北京理工大学出版社，2020.

刘欣路，董琦. 约旦文化教育研究 [M]. 北京：外语教学与研究出版社，2021.

卢晓中. 比较教育学 [M]. 北京：人民教育出版社，2020.

陆有铨. 教育的哲思与审视 [M]. 北京：人民教育出版社，2016.

罗根. 征服与革命中的阿拉伯人：1516 年至今 [M]. 廉超群，李海鹏，译. 杭州：浙江人民出版社，2019.

彭树智. 伊斯兰教与中东现代化进程 [M]. 西安：西北大学出版社，1997.

钱学文. 当代沙特阿拉伯王国社会与文化 [M]. 上海：上海外语教育出版社，2003.

秦惠民，王名扬. 高等教育与家庭流动 [M]. 北京：科学出版社，2019.

秦惠民. 教育法治与大学治理 [M]. 北京：人民出版社，2021.

任钟印. 东西方教育的覃思 [M]. 北京：人民教育出版社，2017.

沙特阿拉伯高等教育部国际司. 沙特阿拉伯王国掠影 [M]. 杨平，马永亮，译. 北京：朝华出版社，2013.

沈允育. 高等教育中的沙特女性 [M]. 北京：中国对外翻译出版公司，2013.

石筠弢，等. 泰国文化教育研究 [M]. 北京：外语教学与研究出版社，2023.

孙有中. 跨文化研究论丛 [M]. 北京：外语教学与研究出版社，2019.

唐虔. 我在国际组织的 25 年 [M]. 北京：中信出版集团，2020.

檀慧玲，等. 新加坡文化教育研究 [M]. 北京：外语教学与研究出版社，2022.

滕大春. 教育史研究与教育规律探索 [M]. 北京：人民教育出版社，2019.

田山俊，齐芳萍. 印度文化教育研究 [M]. 北京：外语教学与研究出版社，2022.

田野. 世界政治研究：第 1 辑 [M]. 北京：中国社会科学出版社，2018.

万作芳，等. 韩国文化教育研究 [M]. 北京：外语教学与研究出版社，2023.

王承绪，顾明远. 比较教育 [M]. 5 版. 北京：人民教育出版社，2015.

王承绪. 比较教育学史 [M]. 北京：人民教育出版社，1999.

王丹，等. 马来西亚文化教育研究 [M]. 北京：外语教学与研究出版社，2023.

王德新. 阿拉伯文化选读 [M]. 北京：北京大学出版社，2012.

王定华，秦惠民. 北外教育评论：第 2 辑 [M]. 北京：外语教学与研究出版社，2021.

王定华，杨丹. 人类命运的回响——中国共产党外语教育 100 年 [M]. 北京：外语教学与研究出版社，2021.

王定华. 教育路上行与思 [M]. 北京：人民出版社，2020.

王定华. 美国高等教育：观察与研究 [M]. 2 版. 北京：人民教育出版社，2021.

王定华. 美国基础教育：观察与研究 [M]. 2 版. 北京：人民教育出版社，2021.

王定华. 新时代高品质学校建设方略 [M]. 长春：东北师范大学出版社，2019.

王定华. 中国基础教育：观察与研究 [M]. 北京：人民教育出版社，2021.

王定华. 中国教师教育：观察与研究 [M]. 北京：人民教育出版社，2020.

王名扬. 美国公立研究型大学内部质量改进的实证研究 [M]. 北京：中国社会科学出版社，2020.

王铁铮，林松业. 中东国家通史·沙特阿拉伯卷 [M]. 北京：商务印书馆，2000.

温布兰特. 沙特阿拉伯史 [M]. 韩志斌，王泽壮，尹斌，译. 北京：东方出版中心，2009.

沃尔德. 沙特公司：沙特阿拉伯的崛起与沙特阿美石油的上市之路 [M]. 尚晓蕾，译. 北京：中信出版社，2019.

吴式颖，李明德. 外国教育史教程 [M]. 3 版. 北京：人民教育出版社，2015.

吴彦. 沙特阿拉伯政治现代化进程研究 [M]. 杭州：浙江大学出版社，2011.

习近平. 论坚持推动构建人类命运共同体 [M]. 北京：中央文献出版社，2018.

习近平. 习近平谈"一带一路"[M]. 北京：中央文献出版社，2018.

谢维和. 我的教育觉悟 [M]. 北京：人民教育出版社，2016.

徐辉，楚琳. 伊朗文化教育研究 [M]. 北京：外语教学与研究出版社，2022.

徐墨，高雅茹. 巴基斯坦文化教育研究 [M]. 北京：外语教学与研究出版社，2022.

杨汉清. 比较教育学 [M]. 3 版. 北京：人民教育出版社，2015.

殷倩. 沙特高等教育与知识型社会建设 [M]. 北京：中国对外翻译出版公司，2013.

苑大勇. 国际高等教育协同创新与人才培养比较研究 [M]. 北京：知识产权

出版社，2020.

张德祥，李枭鹰，李珊，等. 阿富汗、伊拉克、伊朗、沙特河拉伯教育政策法规 [M]. 大连：大连理工大学出版社，2020.

张锡模. 圣战与文明：伊斯兰与西方的永恒冲突 [M]. 北京：生活·读书·新知三联书店，2016.

郑通涛，方环海，陈荣岚. "一带一路" 视角下的教育发展研究 [M]. 广州：世界图书出版广东有限公司，2017.

邹志强. 沙特阿拉伯参与全球经济治理研究 [M]. 北京：世界知识出版社，2015.

二、外文文献

ALGRAINI S, MCINTYRE-MILLS J. Education to address social and environmental challenges: a critical pedagogy perspective on Saudi Public education[M]. Switzerland AG: Springer Nature, 2019.

ALSHAMSI M J. Islam and political reform in Saudi Arabia: the quest for political change and reform[M]. Oxon, OX: Routledge, 2011.

BECKER G S. Human capital: a theoretical and empirical analysis, with special reference to education[M]. New York: Columbia University Press, 1964.

HANS N. Comparative education: a study of educational factors and traditions[M]. 3rd ed. Oxon: Routledge & Kegan Paul Limited, 1958.

NIBLOCK T. State, society and economy in Saudi Arabia[M]. New York: Routledge, 2015.

OCDE. A flying start: improving initial teacher preparation systems[M]. Paris: Éditions OCDE & OECD Publishing, 2019.

OCDE. TALIS 2018 results (volume I): teachers and school leaders as lifelong learners[M]. Paris: Éditions OCDE & OECD Publishing, 2019.

OECD. OECD reviews of evaluation and assessment in education: North Macedonia[M]. Paris: Éditions OCDE & OECD Publishing, 2019.

OECD. Synergies for better learning: an international perspective on evaluation and assessment[M]. Paris: Éditions OCDE & OECD Publishing, 2013.

QUAMAR M. Education system in Saudi Arabia of change and reforms[M]. Singapore: Palgrave Macmillan, 2021.

SABBAGH S. Arab women: between defiance and restraint[M]. Massachusetts: Interlink Books, 1996.

SAMIER E A, ELKALEH E S. Teaching educational leadership in Muslim countries: theoretical, historical and cultural foundations[M]. Singapore: Springer, 2019.

SMITH L, ABOUAMMOH A. Higher education in Saudi Arabia: achievements, challenges and opportunities[M]. Netherlands: Springer, 2013.

VASSILIEV A. King Faisal: personality, faith and times[M]. London: Saqi Books, 2016.